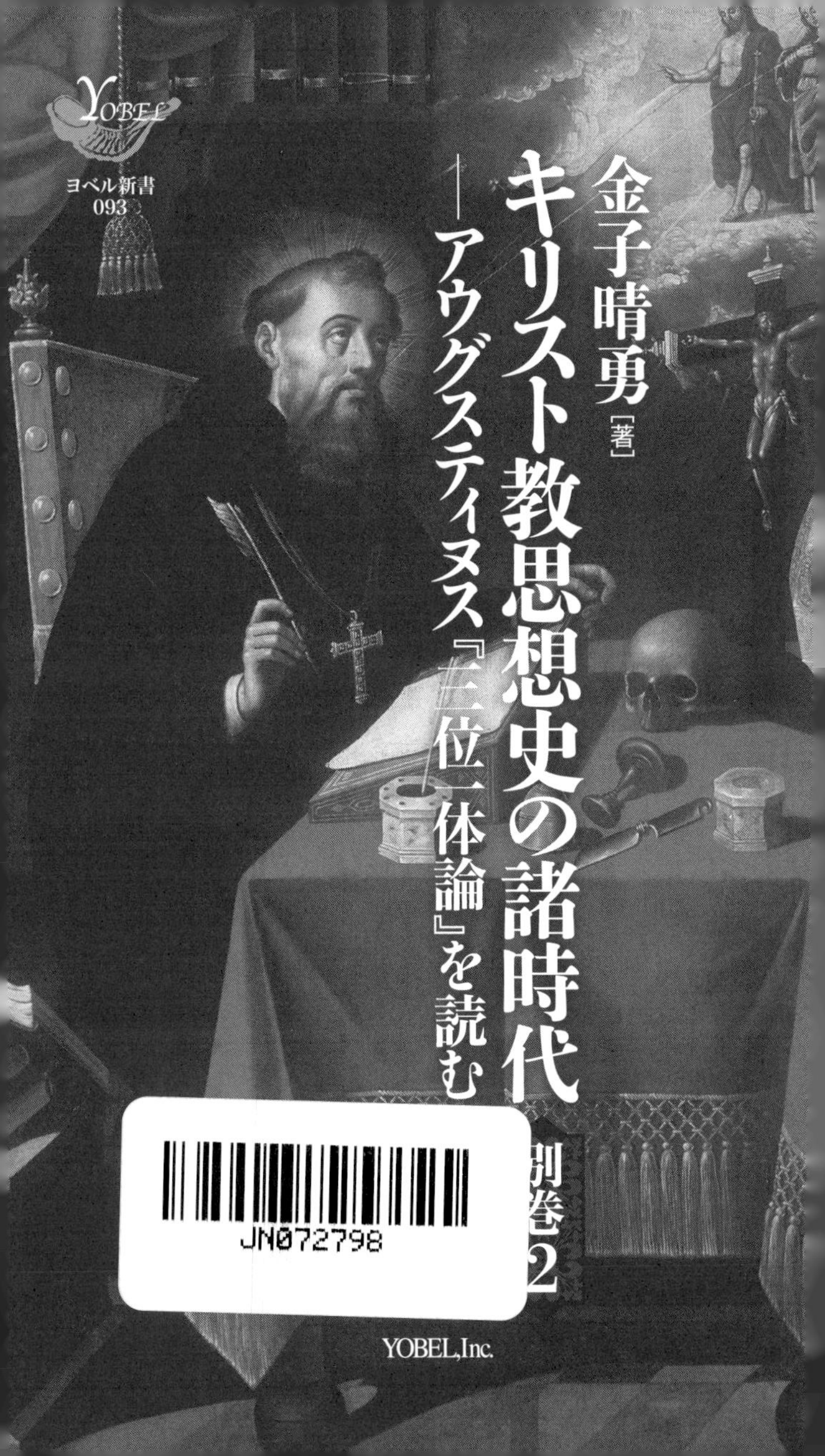

YOBEL

ヨベル新書
093

キリスト教思想史の諸時代 別巻2

―アウグスティヌス『三位一体論』を読む

金子晴勇［著］

YOBEL,Inc.

はじめに

アウグスティヌスの代表的な著作として一般には『告白録』、『神の国』、『三位一体論』が挙げられている。そのなかでもっとも有名なのは『告白録』であって、これに関する研究と著作は昔から多く出版されている。それに対して『神の国』はそのスケールから見ても超大作とも言うべきもので、永遠の都ローマが蛮族に攻略された責任がキリスト教に帰せられた非難を論駁した作品であった。わたしはこの作品を生涯にわたって研究してきたので、4年前に『アウグスティヌス「神の国」を読む――その構想と神学』（教文館、2019年）を発表した。それに続いて『三位一体論』の研究をまとめるつもりでいたが、『キリスト教思想史の諸時代』（全7巻別巻2冊）を出版することになったので、その研究を別巻の形で発表することにした。

しかしわたしの『三位一体論』の研究にはまだ完成していない部分（本書　第2章『三位一体論』第1部［第1―7巻］の構成）があったので、これを1年間かけて研究することにした。そのために「アウグスティヌスの読書会」を立ち上げ、欠けた部分を研究することになり、それもようやく完成したので、本書が刊行できるようになった。それは『三位一体論』の前半（第1巻―第7巻）の研究であって、現代からは簡単には理解できない、古代キリスト教会の教義の複雑で不透明な問題であった。というのは三位一体の教義を当時の人たちには容易には理解できないので、多くの反論を聖書を用いて実に詳しく論駁した箇所であったからであった。その事情を以下に少し詳しく語ってみたいと思う。

あとがきにもやや具体的に記したが、わたしは大学院ではこの『三位一体論』を学ぶことから研究を開始した。当時の指導教官であった西谷啓治先生（にしたに・けいじ、1900 - 1990）がこの作品を研究するように薦めてくださったからである。先生の研究は宗教哲学を主題となさっており、その観点からわたしにこの作品を研究するように勧めてくださった。当時『三位一体論』はまだ邦訳されていなかったので、原典のラテン語で、近代語の訳を参照しながら、その思想内容を学ばねばならなかった。作品の前半（第1巻―第7巻）では、アウグスティヌスはカトリック教会の司教として三位一体の教義を取りあげ、当時の人々の疑問に対して丁寧に答えていた。これを第1巻から読み始め、その内容を検討しながらまとめ始めたが、第2巻の半ばで、時間が余りに取られすぎたので中止せざるを得なくなった。そこでアウグスティヌスの宗教哲学が具体的に展開する後半（第8巻－第15巻）に移って、その優れた内容を「理性と信仰」の視点から解明し、修士論文「アウグスティヌスにおける理性と信仰」を完成させた。論文を審査した教授たちから学問研究として認められ、わたしの処女論文として『哲学研究』に掲載されることになった（本書　第6章『三位一体論』における信仰と理性に収録）。

このような事情であったが、わたしの『三位一体論』の研究ではその前半の部分の研究が不完全のままに残された課題が、先のような機会（読書会）を得て、その欠陥を補う形でほぼ70年ぶりに西谷先生から与えられたその課題を完成することができた。

2023年9月9日

聖三位一体（トロイツァ）(Holy Trinity : Troitsa)1427, Tempera auf Holz
アンドレイ・ルブリョフ・作

ルブリョフの有名なイコンは、3人の天使がアブラハムとサラを訪れたことを説明するジェネシスの象徴的なシーンです。それぞれが聖三位一体の一部を表しています。

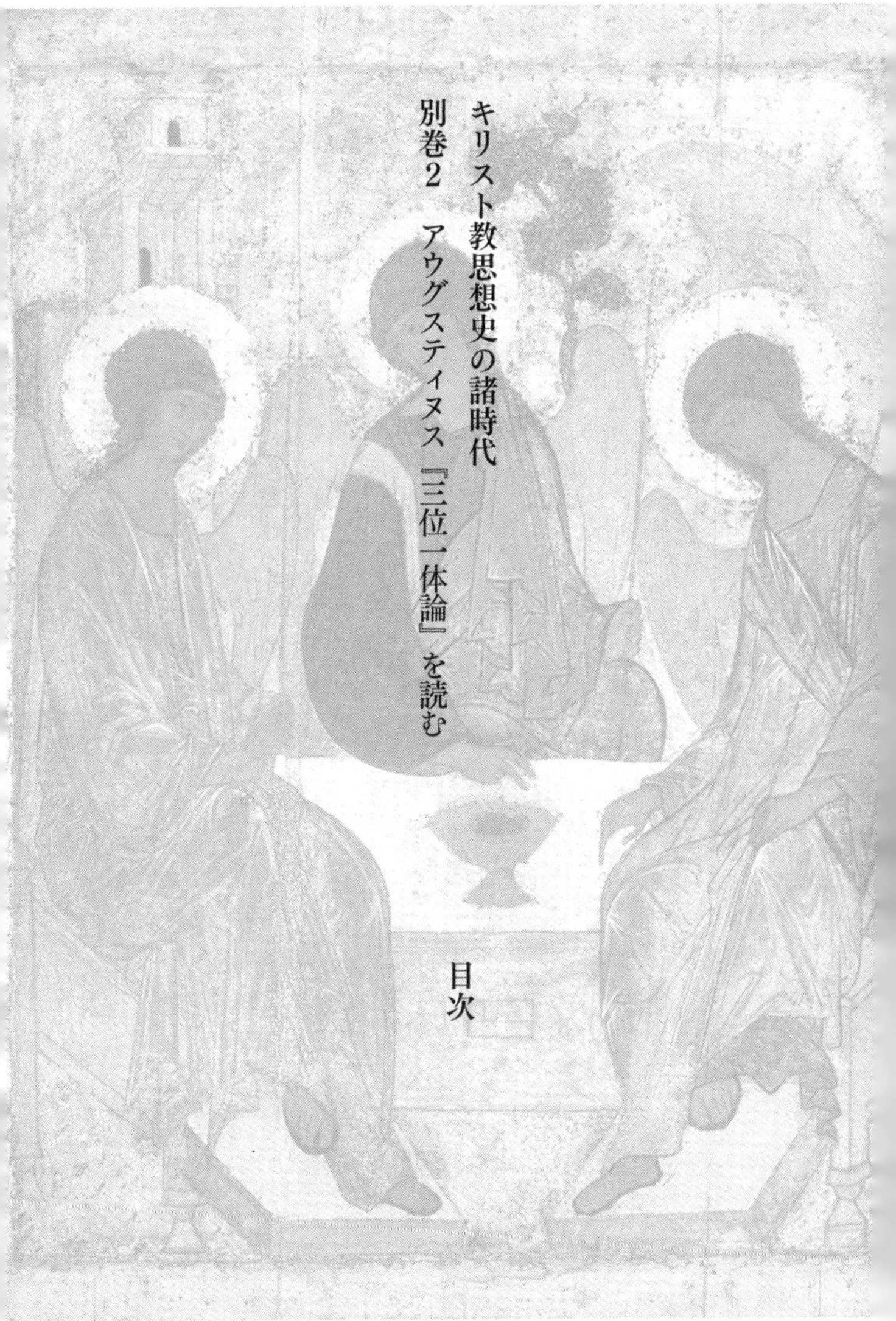

キリスト教思想史の諸時代

別巻2　アウグスティヌス『三位一体論』を読む

目次

第1章　古代キリスト教会における教義の問題

はじめに

三位一体の教理は古代キリスト教世界での最大の問題であり、ローマ皇帝も直接関与して開催された公会議の審議事項にまで至った。そこにはキリスト教とギリシア文化との対決という思想史上の大問題が背景となっていたのである。2世紀の中葉からキリスト教とヘレニズム文化との交流がいっそう進展していって、やがて両者の対決が不可避的になってきた。この交流はすでに原始キリスト教会からはじまり、ギリシア語を語るヘレニストのユダヤ人のなかでキリスト教を信じた者たちがエルサレムを去ってアンテオケに異邦人教会を設立し、使徒パウロがこれを指導したのであった。パウロが旧来のユダヤ主義に依然として立つキリスト教徒をしりぞけて以来、キリスト教とヘレニズム文化の交流は**使徒後教父**に見られるように次第に深まり、教会の主流を形成するようになっていった。

神を父・子・聖霊の三位一体として説くことは、人間との交わりを開いたキリスト教的神観にとり決定的に重要な信仰経験に根ざしている。新約聖書は神の国の宣教を記していても、そこでは三位一体の教説はその萌芽が認められるにすぎず、いまだ明白な教えとはなっていない。元来ユダヤ教は厳格な唯一神論を守り、異教は多神教であった。ところがキリスト教はイエスをキリストとして宣教するのみならず、キリストが「**神のかたち**」をもつと主張した（Ⅱコリント4・4「神の似姿《にすがた》であるキリスト」、コロサイ1・15「御子は、見えない神の姿であり」）。

さらにユダヤ教の唯一神論では許容しがたいキリストの**先在説**（「御子は、見えない神の姿であり、すべてのものが造られる前に生まれた方です」コロサイ1・15）やキリストを天上的存在や神と同一視する主張（ローマ9・5「キリストは、万物の上におられる、永遠にほめたたえられる神」、ヨハネ1・18、Ⅰヨハネ5・20「この方こそ、真実の神、永遠の命です」）も説かれた。また聖霊の働きをイエスの洗礼やペンテコステにおいて述べ、弁護者（助け主：口語訳、ヨハネ14・16）、キリストの霊（ローマ8・9）、神の愛（ローマ5・5）として表象していたが、いまだ人格的には表現されていない。さらに「父なる神」「イエス・キリスト」「聖霊」が三肢的に表現されている（Ⅱコリント13・

13「主イエス・キリストの恵み、神の愛、聖霊の交わり」、マタイ28・19「父と子と聖霊の名」）が、いまだ三一的に表象されてはいない。

こうして新約聖書は、唯一の神が父・子・聖霊という三様の仕方で自己を啓示していることを説いた。

（1）キリスト教のギリシア化

教義史家ハルナック（Karl Gustav Adolf Harnack, 1851 – 1930）はこの潮流を「福音のギリシア化」として指摘し、これにより福音の本質が覆われるものと考えた。これに対しティイリッヒ（Paul Johannes Tillich, 1886 - 1965）は「聖書宗教の基礎に立つ存在問題の採用」がなされたものとして積極的な評価をこれに与えたのであった。このように解釈は相違していても、キリスト教がギリシアの古典文化と出会うことによって一つの新しい歴史的な展開をみた事実は明白である。

2世紀の後半にはヘレニズム時代の宗教思想であったグノーシス（霊知）によりキリスト教を解釈したグノーシス主義があらわれ、サトルニノス、カルポクラテス、バシレイデス、ヴァレンティヌス、およびマルキオンが勢力をもつにいたった。これらの異端分派との対決という形でキリスト教思想史は新たな段階を迎えるにいたった。これに加えてローマ帝国によるキリスト教の弾圧と迫害がいちだんと強化されるようになった。この弾圧に対しキリスト教の真理を弁護し、道徳的生活の健全性を弁明し、かつ異端を論駁する護教家が多数登場する。彼らは弁証家（アポロゲーテン）と呼ばれている。2世紀にはアリスティデス、ユスティノス、タティアノス、アテナゴラス、テオフィロスが、3世紀にはテルトゥリアヌス、エイレナイオス、クレメンス、オリゲネスが、4世紀にはクリュソストモス、ラクタンティウス、エウセビオス、アタナシオス、アンブロシウスが、そして5世紀にはアウグスティヌスが弁証家として活躍した。ここでは二、三の代表者について短く言及するにとどめたい。

2世紀の弁証家の代表は殉教者ユスティノス（Justinos, ca. 100 – ca. 165）である。彼はパレスチナに生まれ、ギリシア哲学の影響を受け、とりわけプラトンのイデアの直観に至ろうとしたが、神秘的直観のほかに啓示による方法のあるのを知ってキリスト教に入信し、その後ローマでキリスト教を講じ、マルクス・アウレリウス帝の治下165年頃迫害を受けて殉教した。『弁証論』と『トリュフォンとの対話』を彼は著した。また彼は一生のあいだ「哲学者の衣」をぬぎ捨てなかったことに示されているように、キリスト教こそ真の哲学、「安全で有益な哲学」であると説いた。なかでもキリストを神のロゴスの人間化、したがって完全な実現とみなし、ソクラテスもプラトン（Plato, BC. ca. 427 – ca. 347）も同じロゴスに従って生き、不完全ながら真理を語った。こうしてギリシア哲学はキリストにいたる準備段階となっているが、それは人間のうちにロゴスが種子として宿っているからである、とストア派の「**種子的ロゴス**」説を用いて説いた。したがってギリシア哲学はロゴスに立っていても不完全であり、キリスト教こそその完全なる実現であるから、キリスト教を迫害することは不当である。これが彼のキリスト教弁証論の展開であり、プラトン哲学によってキリスト教を哲学的に基礎づけ、キリスト教をヘレニズム化する試みであるといえよう。と同時にユスティノスは聖書によっても救い主キリストは旧約聖書により預言されていた神の子であり、聖書によりキリストの真実性は証明されると主張した。その結果、弁証論では、①キリスト教は最も古い宗教であり、預言とその実現により歴史的に保証されている。②それはロゴスの実現として最も理性的な宗教である。③平和で従順な市民としてキリスト教徒は国家に反逆など決してしない、との主張が表明された。ユスティノスはギリシア的世界観に立って、キリスト教を弁証しようとしたため、ヘレニズム文化圏の人々によっては理解しがたかった「メシア」の代りに「ロゴス」概念が採用され、これがメシアと同一視されることが起こった。こうして知性的世界と感性的世界との分離を前提とした上で、知性的世界の原理であるロゴスの「**受肉**」ということが説かれはじめられた。ヨハネ福音書で用いられた「言《ロゴス》」は神の力を意味し、非哲学的意味で考えられていたのに、プラトン主義者がキリスト教に回心することにより、キリストとしてのイエスがロゴスの受肉とみなされるようになった。ハルナックはこの点を『**キリスト教の本質**』のなかで次のように判断している。「ロゴスをキリストと同一視したことは、ギリシア哲学と使徒的遺産とを融合する決定点となり、ギリシアの思想家たちを使徒の信仰に連れてきた。わたしたちの多くにとってはこの同一視は受け入れがたい。なぜなら〔ギリシア〕世界と倫理とに関する思考は、わたしたちを決して実在するロゴスに導かないからである。この形式は当時の人々の興味を吸収し、福音の単純さから人々の心を分離させ、福音をさらに著しく宗教哲学に変えた」。しかし、弁証家たちの哲学は、グノーシス主義と相違して、キリスト教の基本信条を哲学によって弁明しようとしたものであり、グノーシス主義や異端に対する論駁が次の世紀において展開していき、正統神学の形成に向かうのである。

(1) エイレナイオスの正当神学

三世紀の護教家のなかでエイレナイオス（Eirēnaios, ca. 130 - 202）が正統的神学の形成に大きな役割を果たした。彼は小アジアのスミルナ出身で、後にガリア地方リヨンの長老から監督になった人で、バレンティノス派のグノーシス説を批判した『**異端論駁**』全五巻をあらわし、カトリック教会の伝統的教義の基礎を定めた。その要点をあげると次のようである。

①世界はグノーシス主義者が説くように超越界からの堕落によって成立した悪しき存在ではなく、創造神の意志による「無から創造」された被造物である。彼はユスティノスがプラトン的に既存の質料からの世界創造を説いたのに反対し、ヘブライ的キリスト教的な創造信仰を説いた。

②霊的キリストは生魂的（魂をもっている）体で現われたが、受難したのは霊的ではない生魂的なキリストにすぎないというグノーシス説に対し、彼は創造と救済とを神のわざとして救済史的に統合し、史的イエスと救い主キリストを同一なものとみなす。つまり歴史は創造・堕罪・救済・完成をとおして神の目的を実現すると説いた。また

③キリストのわざはサタンの力により人間が罪を犯して失った神の像（エイコン）と相似（ホモイオシス）を回復するため、人間をサタンの支配から贖いだした。ここに古典的贖罪論（アウレン）が成立する。さらに

④人間は自由意志を与えられ、律法を守ることにより永遠の生命を報われ、守らないと罰せられる。アダムが神の戒めに不従順であったが、キリストは神への従順の模範であり、その血によって人間を贖った。キリストによって人間は神に従順になり、神に向かって進みうると教えた。

(2) クレメンスの『ストロマティース』

三世紀の弁証家のうちキリスト教と哲学との総合を志したのは、古代末期のヘレニズム文化の知的中心地アレクサンドリアで活躍したクレメンス（Clemens, ca. 150 - ca. 211/15）とオリゲネス（Origenes Adamantius, 185 - 254）であった。彼らはキリスト教の弁証論から進んでキリスト教神学の体系を生みだした。その著作『ストロマティース』（『ストロマティス（綴織）』全2冊、秋山学訳、教文館）でクレメンスはキリスト教の信仰を理解するためにギリシア哲学が必要であることを次のように説いている。

わたしたちの主がギリシア人を招く以前に哲学は彼らに直接与えられたかも知れない。それは律法がヘブライ人にキリストのための予備教育を授けたように、ギリシア人に予備教育を施したのであった。だから哲学はキリストにより完成される人たちのために道を開く準備であった。

したがってプラトンは神の霊感を受けていたが、それでも聖書と同じ意味で啓示を受けたのではなく、モーセの哲学の方がそれに優っている。しかし、哲学は単なる準備にすぎないものではなく、信仰内容の理解に不可欠であるから、信仰（ピスティス）に加えて知識（グノーシス）が必要である。もちろん啓示信仰からその知識に進むのであって、グノーシス主義のように信仰を排除するのは誤りである。このキリスト教的グノーシスを神学大系にまで発展させたのがオリゲネスの『**原理論**』である。

(3) オリゲネスの『原理論』

オリゲネスは『原理論』において神・世界・人間について多くの意見を参照しながら聖書を解釈し、信仰の思索を展開している。またマルキオン（Marcion ca. 100 – ca. 160）のグノーシス的見解、つまり新約聖書におけるイエスの父なる神と旧約聖書の創造神とを区別する見解、プラトン主義的哲学説、聖書の擬人法的表現の字義通りの理解などに対する批判を展開している。とりわけ聖書解釈法についての反省が繰り返し行なわれ、人間学的三区分法、**身体・魂・霊**にもとづく聖書の三重の意義が**文字的・道徳的・霊的**なものに区分され、霊的意義をとらえるためにはアレゴリカルな方法が採用されねばならないと説いて、聖書解釈学の創始者となっている。次に**神・世界・人間**についての彼の学説の要点をあげておきたい。

①オリゲネスは神の非物体性を論証しようとし、「神は霊である」と語る福音書の意味を探求

している。そして「すべての知的存在、すなわち非物体的存在の中で、最も名状し難く、最も計り難く卓越している者こそ神である」（小高毅訳『諸原理について　キリスト教古典叢書9』創文社、1978年、以下同じ）。神はまた「純一な知的存在、モナス（一）であり、いわばヘナス（単一性）であり、精神であり、あらゆる知的存在すなわち精神の始原であるところの源泉である」と規定される。この源泉は「善をなす力、創造する力であって、一瞬たりとも無為であったことがあると考えるのは条理を逸したことであり、不敬なことでもある」。

②オリゲネスはその学友プロティノス（Plotinus, ca. 205 - ca. 270）が神なる一者からの世界の流出を考えたのに対し、神の世界創造を説き、始原における創造は理性的被造物、つまり精神（ヌース）の創造であって、精神は自発性をもち自由意志によって神に近づくことも離反することもできる。また「そこでの知的存在者たちの種々様々な堕落が、この種々多様な世を創造するよう神を促したのである」。したがって物体的世界は堕落した精神の修練の場として造られたのである。さて神の創造において神から生まれた知恵は「将来の被造物の可能態と形態のすべて」を秩序として所有しているが、この知恵のうちなる神秘と秘密とを開示する働きがロゴス（言《ことば》）と呼ばれる。このロゴスは人間を罪と死の力から解放するため救い主となられた。「神のロゴス、神の知恵が〈道〉となられた」。神はこのロゴスにおいて被造世界に関与するため、ロゴスは被造

物ではないが、神に従属する。元来それは神と同質（ホモウシオス）であるが、世界への媒介性のゆえに神に対し従位に立つ。

③人間の創造されたときの本性について次のように言われる。「人間は最初に創造されたときに、像としての身分を与えられたが、似姿《にすがた》という完全さは世の完成の時まで留保されている。つまり人間は〔神の似姿を〕自己の精励なる熱意をもって、神を模倣することで獲得すべきである。すなわち、像としての身分を与えられたことで始めから完全になることの可能性が人間に与えられているが、人間は終わりの時になって初めて、わざを遂行することによって、完全な似姿を自ら仕上げるべきである」と。しかし、自由意志により自己の使命から堕落したため、人間は天使とサタンとの中間に位置している。だからキリストに学んで、完全なロゴスの認識へ進み死すべき身体も「霊的身体」となり、天にのぼりゆくことによって「永遠の福音」が完成する。

このようなオリゲネスの優れた学説も当時はその正統性について疑問視され、魂の先在説、キリストの父への従属説、万物の救い、身体観などが異端とみなされたのであった。しかし彼は新プラトン主義の開祖アンモニオス・サッカス（Ammonius Saccas 生没年不明）の教えを受け、豊かなギリシア哲学の教養をもってキリスト教の教義を哲学的に解明した功績は高く評価されなければならない。たしかにキリスト教のヘレニズム化はいっそう徹底されてはいても、イエスがキリストであるという宣教の実質はヘレニズムの世界観をもって守りぬかれており、こういう形でヘレニズム世界にキリスト教は積極的に語りかけていった。わたしたちはここにキリスト教思想史の最初の偉大な成果を見ることができる。

（2）三位一体論論争

さて、2世紀に入ると聖書の具体的語り方はヘレニズムの思考様式にしたがって変化し、形而上学的に神の真理が語られるようになった。聖書そのものが明快に述べていないところから、初期の異端に**モナルキア主義**（キリストの神性を強調するために天父と子の区別を認めない考え方。）が出て、キリスト教において唯一神論を保持しようとした。そのさい「子」を派生的に見るか、それとも「子」において「父」の現われを見るかによって相違した主張となった。前者が**動態論的モナルキア主義**といい、神の力がイエスの中に働き、キリストは神の子として養子にされた（**養子説**）となす。しかし、これによりキリストの神性と御言《みことば》の受肉は否定される。後者は**様態論的モナルキア主義**といい、神のみが唯一の位格で、「父」・「子」・「聖霊」は三つの現象様態の名にすぎない（**サベリクス主義**）と説いた。したがって人となったのは父そのものだから、子ではなく父が十字架に付けられることになり、**「天父受苦説」**とも言われてた。

グノーシス主義は本来的に三位一体論を確立してはいなかったが、父なる神、子なる神、聖霊を分けていた。たいていのグノーシス主義者は地上のキリストは仮の身体をとって十字架についたが、そこで身体を捨てたのであるから、神の子キリストが死んだのではなく、人間イエスが死んだのにすぎないと説いた。これは**ドケティズム**、すなわち**キリスト仮現説**と呼ばれる。これに対し教会は信仰をいっそう明確にする必要に迫られたのである。

エイレナイオスやテルトゥリアヌス（Quintus Septimius Florens Tertullianus, ca. 160 - ca. 220）は反グノーシス主義の傾向が明確であるが、クレメンスやオリゲネスではキリスト教的グノーシスの性格があって、三位一体論でもそこには自ずと相違があらわれている。エイレナイオスは神の唯一性を高調するが、同時に救済史における神の発展的自己開示を語る。だから、「その本質の現存在と力によれば一つの神のみ存在する」のであるが、同時に「救済の出来事と実現によれば父と子が存在する」と説いて、教会の三位一体論の代表者となる。さらに、これを継承し「不合理なるゆえに我信ず」という言葉で有名となったテルトゥリアヌスは神の単一な「実体」と「ペルソナ（位格）」の三からなる「トリニタス（三位一体）」の語を案出し、**「一つの実体、三つのペルソ**

ナ、そして一人の神が存在する」と明確に規定し、モナルキア主義とグノーシス主義の誤謬を指摘した。

他方、オリゲネスはエイレナイオスとテルトゥリアヌスと同じく神の唯一性を強調し、位格間の区別をも明らかにしようと試み、子は父と本質において「同質」（ホモウシオス）であるが、つまり三位格の統一に立っているが、それでも天父受苦説とならないために区別があって、子は父に従属すると説いた。また子は神の唯一性と霊的存在の間を仲立ちする媒介的働きのゆえに御子の永遠の誕生を説いたため、グノーシス的傾向に与し、救済史的三位一体論から神性の内在的三位一体論に発展していった。

三位一体論が最も激しい対立を生みだしたのは4世紀に**アレイオス主義**が隆盛になってからである。

アレイオス（Arius [Areios], ca. 250/256 - 336）はアレクサンドリアの司祭であり、オリゲネスの従属説を徹底させ、キリストの人間性を重んじ、キリストを神と同一視することを否定した。彼の中心的関心事は神の唯一性と超越を強調することにあった。彼の信仰告白には「わたしたちは一人の神を告白する。神のみが生まれず、神のみが永遠であり、はじめなく、真理にして不死、神のみが賢く、善く、主にして万人の審判者である」とある。この神以外は無から創られた者であるから、御子も父から生まれたのではない。神が永遠からもっている御言葉は神の本質にかかわっており、第二位格や第三位格とは関係がない。したがって御子は被造物で、父と本質が同じとは言えない。アレイオスは神の唯一性を説いて、多神教の新しい形式からキリスト教を守ろうとしたのである。

アレイオスの説が広まったとき、彼はアレクサンドリアの司教によって職を免じられた。このことによってアレイオス主義（アリウス主義とも。Arianism）がいちだんと勢力を得たので、教会が統一の危機に直面するとコンスタンティヌス（Constantinus I ca. 274 - 337）は325年ニカイアに全教会の司教約300人を招き最初の公会議を開いて、カイザリアの司教エウセビオスの信仰告白文を若干修正した形で採択し、父なる神と子なるキリストとの同質説を正統信仰とし、父と子の異質を説くアレイオス主義は異端として決定させた。

ニカイア信条の全文は次のごとくである。

我らは、唯一の全能の父なる神、すべて見えるものと見えざるものの創造者を信ずる。
また我らは、主イエス・キリスト、神の御子、御父よりただ独り生まれたるもの、神より出でたる神、光より出でたる光、真の神より出でたる真の神、造られず、聖父と同質なる御方を信ずる。その主によって、万物、すなわち天にあるもの地にあるものは成り、また主は、我ら人間のため、我らの救いのために降り、肉をとり、人となり、苦しみ、三日目に甦えり、天に昇り、生きている者と死んでいる者とを審くために来り給うのである。

我らは聖霊を信ずる。

主《しゅ》の在《いま》し給わなかった時があるといい、生まれ給う前には主は在し給わなかったといっている者ら、または、異った存在または本質から出たもの（被造物）といい、変質し異質となり得る御方であると語る者を、公同かつ使徒的なる教会は呪うものである。」

（『信条集』前編、小島潤他訳、新教出版社、新字体に修正以下同様）


この信条を使徒信条（中世以来重んじられている基本信条で、成立年代不詳）と比べてみるなら、この信条のもっている歴史的意義はおのずと明らかになるであろう。だが、その後ニカイア信条をめぐって新たに論争が再燃するにいたったが、アタナシオス（Athanasius of Alexandria, ca. 296/298 - 373）はニカイア信条を擁護し続けた。彼にとって救済は神にして人なるキリストでなければ実現できないという聖書的使信が最大の関心事であった。ニカイア信条の三位一体論はさらにカッパドキアの3教父（バシリオス、ニュッサのグレゴリオス、ナジアンゾスのグレゴリオス）によって完成させられ、東方教会にも受け入れられるようになった。コンスタンティノポリスで381年に開かれた第2回公会議はニカイア信条を確認したが、ここで決議されたニカイア・コンスタンティノポリス信条が後世において一般に普及するようになった。この信条では御子は「生まれ」聖霊は「出る」となっていて、カッパドキアの教父の説が入っている。

このように公会議が皇帝の命令で開かれたことは、教会内の問題に世俗の権力が介入する、悪しき実例を開始させることにもなった。

(3) キリスト論の問題

三位一体の論争はキリストの完全な神性についての教義を確立することによって終息したが、今度はキリストの神性と人間性との関係をめぐって新しい問題が起こってきた。アレイオスのように御子を神以下の被造物と考えれば、人間性との結合は容易であった。アタナシオスはこれに対決してキリストは神にして同時に人間であり、両者の結合から一人格をなすと説いたが、どのようにしてその結合が可能であるかは教示しなかった。キリストにおける神性と人性との二つの本性についての問題は主として東方教会で論争がなされ、アレクサンドリア学派とシリアのアンテオケ学派が対立した。

アレクサンドリア学派　これはキリストのペルソナの一体性を強調した。ラオデキアの主教アポリナリオス（Apollinaris of Laodicea, ca. 310 - ca. 382）はキリストの神性と人性の統一から考えてゆき、人間学的三区分、身体・魂・霊（ヌース）を用い、キリストにおいてロゴスと身体とが結合しているのだから、ロゴスがヌースのかわりに宿っている、と説いた。だが、これでは神性が完全に保たれても、人性は部分的となり、完全な人間性を備えていないことになり、人間を救済できなくなってしまう。**アポリナリオス説**はコンスタンティノポリスの公会議で異端の宣告を受けた。

アンテオケ学派　それに対してこのキリストにおける神性と人性とを厳格に区別したため、ペルソナの一体性が疑わしくなった。コンスタンティノポリスの総主教ネストリオス（Nestorius, ca. 381 - ca. 451）はキリストにおいて完全な神性と完全な人性とは意志的に完全な一致を保っていると見る。したがってキリストを道徳的服従の完成した模範とみなし、その神性に対する信仰を弱めた。また当時広くゆきわたっていたマリアに対する「**神の母**」の呼称を退けたので、アレクサンドリアの大主教キュリロス（Cyril of Alexandria, ca. 376 - 444）から批判され、両者の論争が激化し、東方教会は分裂の危機にさらされた。

この論争はカルケドンの公会議（451年）で一時的ではあるが決着を見た。約600人の司教（主教）が出席した古代教会最大のこの公会議も東方教会からの代表で占められ、西方教会からの参加は少なかったが、教皇レオ一世の書簡という形で提示された条文が可決された。そこではキリストが「一つのペルソナのなかに二つの性質」（duae naturae in una persona）をもつものとして両極端を排除し、その結合の仕方について次のように述べている。「この唯一のキリスト、御子、主、独り子は、二つの性において混ざることなく、欠けることなく、分けられることもできず、離すこともできぬ御方《かた》として認められねばならないのである。合一によって両性の区別が取除かれるのではなく、かえって、各々の性の特質は救われ、一つの人格一つの本質にともに入り、二つの人格に分かたれ割かれることなく、唯一人の御子、独り子、言なる神、主イエス・キリストである」（「カルケドン信条」前出『信条集』7頁）。

わたしたちが明らかにしてきたようにニカイア・コンスタンティノポリス信条とカルケドン信条が公会議によって決定されたことは、古代におけるキリスト教の教義の確立を意味するものであって、キリスト教思想史の最も重要な出来事となっている。この教義の確立によってカトリック教会は統一され、具体的に成立するのである。もちろん、三位一体論とキリスト論がカトリックの教義のすべてではないにしても、それはすべての教説の根幹となるものである。

キリスト論の問題はカルケドン公会議によっても決定的な解決にいたらず、さらに引き続き議論され、680年のコンスタンティノポリス第6回公会議まで続いた。このような論争をとおして東方教会は「正統的教会」と今日までも呼ばれるものとなった。一般的にいって東方教会は思索的・神秘主義的・芸術的ギリシア文化の伝統を生かしており、政治的・法律的・実践的である西方教会と文化的にも対立している。両教会の対立はコンスタンティヌスが首都を東方に移し、テオドシウス（Theodosius I, 347 - 395）以後帝国が東西に分けられたこと、さらに西ローマ帝国の滅亡も影響しており、725年に聖画像礼拝をレオ3世が禁止して以来、これをめぐり100年にわたって論争が行なわれ、東方教会が聖画像崇拝を認めたのに、西方教会はこれに激しく抗議し、分裂が深まっていった。なお9世紀の中葉に教皇ニコラウス一世（Nicolaus I, ca. 800 - 867）がコンスタンティノポリスの総主教フォティオス（Photios, ca. 820 - ca. 897）の就任に干渉したため、対立は激化し、11世紀に東方の総主教アクリダのレオと教皇レオ9世（Leo IX, 1002 - 1054）との争いは相互に破門を宣言するにいたり、最後的分裂となった。なお東方教会の中心は1453年コンスタンティノポリスの陥落後にはロシア教会に移った。

（4）アウグスティヌス時代の神学状況

アウグスティヌス（Aurelius Augustinus, 354 - 430）の時代はキリスト教が公認され、カトリックの教義が全教会的な規模で確立された時代である。そのためにはカトリック教会は多くの異端とも戦わなければならなかった。同時代人ではアンブロシウス（Ambrosius, ca. 340 - 397）やマリウス・ウィクトリヌス（Marius Victorinus, ? - ca. 363）などが三位一体の信仰を確立するのに努めた。アウグスティヌスはアンブロシウスのもとで三位一体の信仰を学び、彼を絶えず信仰の模範として従った。ウィクトリヌスも正統的な三位一体の信仰を弁護するために新プラトン主義の論理を有効に利用すべく晩年に努めたが、アウグスティヌスは彼の難解な著作によって影響を受けた痕跡は見あたらない。しかし、**三位一体の信仰**は彼の時代の最も重要な神学上の問題となっており、これをめぐる異端との対決が終始一貫して遂行された。その際、この信仰を教義学的に解明するだけでなく、同時に哲学的にも基礎づけようと試みた点に彼の最大の功績がある。そこには人間を「**神の像**」として解釈する人間学的な思索が展開する。

アウグスティヌスの説教を読んでみると分かるように、彼は教会の司牧のわざとして三位一体に対する異端邪説と戦わねばならなかった。たとえばサベリウス主義やアレイオス主義である。

これらの異端はニカイアの公会議（325年）で破門され、その後もアポリナリオス主義などとの論争が続いた。このような三位一体論とキリスト論をめぐる異端邪説はキリストにおける神の言葉の受肉を否定することから生じてきた。これに対決しアウグスティヌスはイエスにおいて神の言葉が受肉している事実を追求して止まない。彼はイエスにおいて神の言葉が受肉しているという**「受肉の神学」**を強調する。彼の思索はこの神の受肉を根底に据えて人間の自己認識に進んでいく。古代教会はプラトン主義の二世界説に立脚して天上界にあった神の言葉であるロゴスが地上界に下って人となった「受肉」によってキリスト教の中心的使信を捉えていた。したがってユダヤ教の黙示思想が「人の子」の預言となり、これがヨハネ福音書冒頭の「受肉した神の言葉」を生み、プラトン主義の世界観に助けられて、キリスト教思想の教義体系の中心に据えられた。しかしアウグスティヌスはこうした古代教会の歩みに従いながらも、受肉の前での自己認識の必要を説いた。

実際、近代人は一般に自己認識から出発していって罪を自覚し、神の子の贖罪を受容することにより救いを体験している。これに反しパウロはダマスコ途上にてキリストを啓示され、キリスト認識が新たに開けることにより救いを体験している。アウグスティヌスになるとパウロと同様に受肉を客観的に捉えているが、同時にその前で自己認識が必要であることを説いている。こうして救いを受容する主体の側の問題は中世を通して次第に成熟し、近代に至っているといえよう。

ギリシア教父たちの思想は、プラトン主義の強い影響の下にあったため、創造を神からの流出説で解釈する傾向があり、人間がもっている神の像は、ある意味で神の本性の劣化したものとみなされたし、堕罪後に受肉の恩恵を通じて人間が神的な起源へと向かう回心は、原初の完全性への回帰として捉えられた。それに対してラテン教父たちの思想は、「**無からの創造**」(creatio ex nihilo)に大きな力点を置いていた。それによれば、形をもたない未形態の質料や大地でも神の秩序の中で一定の価値をもっており、贖罪による人間の義認は「より善きものへの改造」(reformatio in meliore)を意味した。したがって「神の像」として造られた人間は、父なる神の完全なる像である神の子が授ける救済によって、その像を改造しなければならない。そこに歴史における現実性が意味をもつようになり、ギリシアにおける周期的な「再生」理論に代わって、終末論的で歴史的でさえある時代観の萌芽が起こってきた(本書第8章「神への超越機能と三位一体神秘主義」参照)。これらの相違点が生じたのは、西欧の神学者たちの多くが、哲学者よりも法学者や修辞学者の出身であったことに由来すると思われる。彼らはストア主義的な人間的正義や秩序の観念に強く影響され、質料界(唯心論、観念論に対して世界の根本的原理ないし実在を物質とみなす。)の混沌からの解放やその超越としての観想や神秘主義に向かうよりは、むしろ理想の実現としての「行動」に向かう傾向が強かった。アウグスティヌス自身は最初プラトン主義の影響によってギリシア的な人間観から出発したが、やがてその問題点に気づくようになった（この点に関して金子晴勇『アウグスティヌスの人間学』6―14頁参照）。アウグスティヌスにとって、神の「像」による人間の創造という概念は、人間とその創造者たる神の「類似」よりも遥かに重要であった。というのは「類似」は「像」性質の一つに過ぎないからである。つまり創造における「像」形成は創造者と被造物の特別な関係をもたらす行為を意味し、存在論的な概念であるのに対し、「類似」のほうは像の関係に立つ人間が究極的な完成に向かう程度と段階とを示す形態的な性質概念にすぎない（この点に関して金子晴勇『ヨーロッパの人間像』57―61頁参照）。

（5）異端論争と受肉の神学

アウグスティヌスは410年に永遠の都ローマが侵略され、略奪されたことの責任がキリスト教徒に帰せられたため、キリスト教を弁護して、有名な大作『**神の国**』の執筆に取りかかった。同時に彼は**ドナティスト**と**ペラギウス派**との**論争**に積極的に参加する。こうして異端論争が開始し、批判活動を通して受肉の神学と恩恵学説が形成された。彼が参加した論争はすべて当時優勢であった異端邪説と分派活動に対する対決であった。最初の対決は彼自身が青年時代に大きな影響を受けた**マニ教**に対する批判であって、有名な『**告白録**』もその駁論を意図していた。さらに当時の北アフリカ教会を二分したドナティスト論争は法令の発令をもって鎮圧されたとはいえ、依然として混乱と敵意がくすぶっていた。さらにローマの攻略はペラギウス（Pelagius, 354 - ca. 420/440）やカエレスティウス（Caelestius, ca. 380 - ?）をしてローマを去って北アフリカに移住させることになり、新たにペラギウス派との論争が起こった。この論争によってアウグスティヌスの原罪と恩恵の説が確立された。

異端論争の中でも最大の規模をもってなされたのは、当時コンスタンティヌス帝によってニカイヤで開催された公会議で決定を見た、三位一体の教義に関するものであり、これをめぐる異端との対決が大規模なかたちで遂行された。

そこで三位一体についての異端邪説を簡略に述べてみよう。この時代には次の三つの異端が絶えず批判の対象となった。

(1) サベリウス主義　これは唯一神論を保持し、神のみが唯一の位格であって、子において父の現れを捉えるため、父・子・聖霊は三つの現象様態にすぎない、と説く。したがって人となったのは父そのものであることになり、子ではなく父が十字架に磔《つ》けられたがゆえに、この説は

「天父受苦説」とも言われる。

(2) **アレイオス主義**　アレイオス（アリウスとも）はアレキサンドリアの司教であり、唯一神論に立って多神教の新しい形式からキリスト教を守ろうとし、キリストの神性を否定し、その人間性を重んじた。

(3) **アポリナリオス主義**　ラオデキアの主教アポリナリオスはキリストの神性と人性との統一を考え、身体・魂・霊（ヌース）の内、キリストにおいてはロゴスと身体とが結合しているから、ロゴスが霊の代わりに宿っている、と説いた。これにより神性は完全に保たれても、人性は部分的（身体と感覚的魂）となり、完全な人間性を備えていないため、人間を救済できなくなった。

これらの異端の中で前二者は「**三位一体**」論争として扱われ、ニカイアの公会議（325年）で破門されたが、アポリナリオス主義はその後「**キリスト論**」論争として扱われ、その論争はコンスタンティノポリス公会議（381年）で結審した。

このような当時の神学的状況はアウグスティヌスの著作や説教にも色濃く反映しており、彼はこれらの異端邪説に対決してキリスト教の真理を民衆に正しく伝えようと心魂を傾けた。これら三位一体論とキリスト論をめぐる異端邪説はキリストにおける神の言葉の受肉を否定することから生じた。これに対決しアウグスティヌスはイエスにおいて神の言葉が受肉している事実を追求して止まない。もちろんそれは人々には隠された事実であるとしても、やがて十字架の贖罪のわざによって明らかになった。したがって神の言葉の神学とはイエスにおいて神の言葉が受肉しているという「**受肉の神学**」を意味する。

受肉の思想はキリスト讃歌（フィリピ2・6－10）に基づいて受肉は神の子が神のかたちを捨てて「自分を無にして」僕のかたちをとったケノーシスとして理解されている。またヨハネ福音書第6章38節「わたしが天から降って来たのは、自分の意志を行うためではなく、わたしをお遣わしになった方の御心を行うためである」の講解で彼は受肉と謙虚とを結びつけて次のように説教している。

人よ、あなたはなぜ高慢なのか。神はあなたのために謙虚となったのである。あなたは多分謙虚な人を模倣することを恥ずかしいと思うかもしれない。だが、少なくとも謙虚な神を模倣しなさい。神の子は人間の姿をとって来られ、謙虚となったのである。あなたは謙虚となるように教えられている。そして人間から家畜となるように教えられているのではない。彼は神であったのに人となった。人よ、あなたは人にすぎないことを認識せよ。あなたの謙虚の全体は、あなた自身を認識するよう志すことである。」（『ヨハネ福音書講解説教』第25説教16）

彼は神の受肉の行為を絶えず目前に据えて思索する。古代教会はプラトン主義の影響があったとしても、神の言葉であるロゴスの「受肉」によってキリスト教の中心的使信を捉えていた。アウグスティヌスはこうした古代教会の歩みに従いながら受肉したキリストの前で自己認識が必要であることを説いた。実際、近代人は一般に自己認識から出発していって罪を自覚し、神の子の贖罪を受容することにより救いを体験する。これに反しパウロはダマスコ途上にてキリストを啓示され、新しいキリスト認識によって救いを体験した。アウグスティヌスになるとパウロと同様に受肉を客観的な出来事として捉えているが、同時にその前で自己認識が必要であることを説いた。このことが『三位一体論』後半の展開を導いた。そこにわたしたちはこの作品のとくに優れた価値を見いだすことができる。

第2章 『三位一体論』第1部（第1－7巻）の構成

この書は第1巻から第7巻までと第8巻から第15巻までとの二部構成となっている。最初は三位一体の教義を聖書を土台にして論じ、後半ではその教義を高度な思索的な方法で考察する。そのとき人間の魂の内に三位一体の神の「像」を探求するために人間本性の魂的な特質が考察され、そこに人間学的な解明がなされた。こうして信仰の基礎によって信じられることが人間理性との類比によって解明される。ここに「理解を求める信仰」(fides quaerans intellectum) が説かれており、アウグスティヌスは信仰に基礎をもつ事柄から出発し、理性の作用によってその神秘を解明しようと試みる。それゆえ、彼はこの書の冒頭において「信仰という原理を軽蔑し、理性の未熟さと転倒した愛によって欺かれる人びとのはかりごと」に対して警告を発する（『三位一体論』I・1・1）。実際、神の恒常不変の実体を理解することが困難であるがゆえに、心は信仰によって清められ、助けられねばならない。確かに神の三一性という奥義は、信仰のない者には理解できないように隠されており、信仰をもつ者にのみ明らかな真理である。それゆえ、信仰者はまず教会の教えによって神の真理に導かれなければならない。

第1部　聖書を基礎にして三位一体の教義を考察する

第1巻——

それは序説と本論とから構成される。序説では信仰の知解という方法が最初に提示される。アウグスティヌスは言う、「信仰をもって始めることを嘲り、しかも理性に対する未熟で転倒した愛でもってだましごとを告げる人々がいるが、三位一体についてのこの論述を読む方は、私たちの筆が彼らの悪巧みを見張っていることを、まずもってしってもらわねばならない」（I・1・1）と。そういう人たちのなかには三種類の人がいる。⑴ 物体的事象から捉えたものを霊的な事象に翻訳しようとする人、⑵ 人間の魂の本性や情念から神の観念を得ようとする人、⑶ 神の普遍の実体を見て、世界を超えて仮説を説き、知解の道を閉ざす人がいる。ここには三種類の人々がいる。そこには神を物体に倣って捉える人、霊的被造物にしたがって神を捉えようとする人、神についてあやまれることを考える、間違ったことを考える人がいる。これらの誤謬から心を清めるように聖書は教える。もちろん聖書は物体的なことを使って、転義的解釈をするように勧める。だが比喩も荒唐無稽であってはならない。そこで精神の清めが要請される。そのためには信仰がなければならない。信仰は聖書の権威に基づいているので、聖なる教会による権威信仰が求められる（Ⅰ・1・2－3・6）。

三位一体の定義　続いて本論には入り、彼はまず三位一体を次のように厳密に定義する。

神たる三位一体について既に書いているカトリックの旧新約聖書の解釈者のうち、わたしが読みえた限りの人々は皆、御父と御子と聖霊は、一つの実体の分離されない等しさでもって神の統一性を表すということを、聖書に従って教えようとしたのである。それゆえ、三なる神ではなく一なる神である。たとえ御父がこれから御子を生んだとしても、御子は御父ではない。また御子は御父から生まれたゆえに、御父は御子ではない。そして聖霊は御父でも御子でもなく、ただ御父と御子の霊であり、かつ御子と御父に等しく、三位一体の統一性にぞくしている。

しかし、この同じ三位一体が処女マリアから生まれ、ボンテオ・ピラトの下で十字架につけられて葬られ、三日目に甦って天に昇ったのではない。それは御子だけである。また、同じ三位一体がバプテスマを受けたイエスの上に鳩の姿をして降った（マタイ3・6）のではない。あるいは、主の昇天後、天から激しい風のような響きが起こったとき、三位一体が炎のようにさまざまの舌〔言語〕となって各人の上にとどまった（使徒2・2―4）のでもない。それは聖霊だけである。あるいは、この三位一体が天から「あなたはわたしの子である」（マルコ1・11）と語ったのでもない。あるいは、キリストがヨハネからバプテスマを受けたとき、また三人の弟子がキリストと共に山上にいたとき（マタイ17・5）、また「わたしは既に栄光を現した、さらに現すであろう」（ヨハネ12・28）という声が響いたとき、御父の声だけが御子に与えられたのである。御父と御子と聖霊は〔実体的に〕分離されず、その働きも分離されない。これがカトリックの信仰である限り、同時にわたしの信仰である。（I・4・7）

このように三位の神は「一つの実体の分離されない等しさでもって神の統一性を表す」（4・7）と説かれる。ここから「聖書解釈の規則」を「非分離の実体」、つまり「三位一体の統一性」にあるとの本格的な議論が開始する。

主張の要旨　それを要約すると以下のような内容となる。

(1) まず疑義の提示がなされる（I・5・8）。

(2) 当時のアレイオス主義者の言い分。彼らの主張内容について次のようにはっきりと批判される。すなわち「わたしたちの主イエス・キリストは神ではないとか、あるいは御父とともに唯一の神ではないないとか、変化するゆえに真に不死なるなる方ではないと語った人々は、この上なく明瞭で堅固な貴い証言の声によって退けられる。」（6・9）

(3) **聖書の証言による批判**　①ヨハネ1・14（6・9）、「言《ことば》は肉となって、わたしたちの中に宿った」の意味。②Iテモテ6・15―16などにおける神と神性との関連（6・11）。③「御子は御父に等しく、御父と御子の働きは非分離である」（6・12）。④フィリピ（2・6）の重要性。

基本的な主張　このような神と人との非分離は破られない。これが聖書解釈の最も重要な規則である（4・7―13・31）。具体的には次のような批判が展開する。

(1)**従属説の批判**　オリゲネスの従属説については本書の第1章第1節の(3)オリゲネスの『原理論』を参照されたい。聖書では御子が「僕《しもべ》の身分になる」（フィリピ2・7）ことによって「子は父より小さいと言われる」が、両者は同質であって、子のへりくだり（ケノーシス）のゆえに「小さい」と言われる。

(2)「すべてが御子に服従するとき、御子自身も、すべてを御自分に服従させてくださった方に服従されます」(Iコリント15・28) の解釈では①キリストの神性の理解が重要であり、②それに対する異論1 (8・15) と異論2 (8・16) が展開する。

一般的に言って神性(deitas)とは「神自身」(deus ipse)とも言われ、啓示以前の神を言う。それはイザヤ書45章15節では「啓示される神」に対して「隠された神」(deus absconditus) と呼ばれる。この神の存在は人間の認識を超えている。

さらに③観想の意味(8・17)が説かれた。アウグスティヌスの場合にはプラトン主義によって神を観照する神秘的な経験で語られ、「精神を超えたところに、不変の光を見ました」(『告白録』Ⅶ・10・16)と言われる「神の直視」(visio Dei)であった。この神を見ることが「神の観想」(contenplatio Dei)と言われる。この神認識の一瞬が永続するようになったときこそ、終末の出来事であり、そこに「神の直視」が授けられる希望が述べられる。これこそ彼が待ち望んでいる「神の観想」の教説に他ならない。この教説は新プラトン主義から受けついだ概念であって、ギリシア的な認識の残滓《ざんし》であるが、これが最後まで残ったところにはキリスト教古代の時代的傾向が示されている(前掲書、Ⅸ・10・23―25参照)。終わりに④聖霊も非分離の実体であると説かれた。

(3) **終末論的考察**(第10章) 神の直視がさらに①観想の視点から続いて考察され、さらに②信仰から直視へ進展することが説かれた。

(4) **聖書解釈の規則**（11・22―13・30）　このことが具体的に詳しく論じられ、①ペルソナは同一実体の非分離の働き（言い換えれば「能作的な合一」）を表すことが力説される。ここから「ペルソナ」が関係を表す意義が説かれる（12・25）。ペルソナはギリシア語では俳優がかぶった「仮面」の意味で、演技の「役割分担」を意味していた。テルトゥリアヌスがこれを用いて三位一体の教義に使用した。これが「**関係**」の意味となり、役割分担を通して他者との人格関係を創造する。

(5) 神の直視についてを再度述べて第1巻は終わる。

第2巻――

続く第2巻では前巻と同じ問題がさらに詳細に、かつ、細部にわたって考察される。例えばこの問題は御子と聖霊の「**派遣**」（missio）にも関連しており、御子と聖霊が父によって派遣されるなら、御子と聖霊は父なる神に劣らないのかと異教徒たちは反論した。しかし聖霊のはたらきは人間的な感覚に適合した仕方で、たとえば「鳩」や「父」などの形態的な形姿によって記された（マタイ3・16「神の霊が鳩のように」、使徒2・3参照）。これは形態的な表現であって聖霊が御父なる神よりも小さいといわれる根拠にはならない。第2巻はこの問題を論じたが、続く第3巻でもこの派遣の問題が継続されて検討され、次のように言われる。「御子と聖霊にとって遣わされるとは、死すべき者の目に見える物体の姿を取って霊的な秘所から発出する（procedere）ことであった。しかし、御父はそのことをなさなかったゆえに御父だけが遣わしたと言われ、遣わされたとは言われない」（Ⅲ・序・3）と。

さらに、神性の物体的な顕現についても同じであって、たとえば、神はアダムやアブラハムに声をかけているが、この声は何か、燃える柴の中でモーセに語りかけたのはどのペルソナであるかなどが検討される。この点を範例としてアウグスティヌスがどのように父のペルソナについて論じているのか考えてみよう。

(1) 神の知覚的現臨　「この秘儀を精神の切っ先で見る力」(18)は「可視的な事物を通して主を捉える力」と考えられ、とくにそれが言葉と声、および天使たちによって起こった現象が分析される。そこには「声の現象学」とでも言うべき説明が展開する。なによりも族長たちやモーセの召命が主の声を聞くことから起こる（同）。例えばモーセが神と出会った場面が聖書から引用される。モーセはミディアンの祭司であるエトロの羊の群れを飼っていた。その群れを導いて神の山ホレブに来たとき、主の使が柴の中の炎のうちに彼に現れた。柴が燃えているが、それは燃えつきなかった。主はモーセを見て、柴の中から「わたしはあなたの父の神である。アブラハムの神、イサクの神、ヤコブの神である」と告げた（出エジプト記3・1—6）とある。

この記事をめぐってまず「この御使いはアブラハムの神、イサクの神、ヤコブの神なのか」と問われる。もしそうなら、ここで救い主ご自身が言われていることばと理解して正しいと説かれる。なぜなら使徒パウロもこの救い主について「父祖たちも彼らのもの。万物の上におられる永遠に誉め称えられる神にいますキリストも、肉によれば彼らから出たのです」（ローマ9・5）と言っているから。それゆえ、ここでも、万物の上におられる永遠に誉め称えられる神がアブラハムの神、イサクの神、ヤコブの神と正しく考えられている。ではなぜ神が柴の中で炎のうちに現れたとき、「主の使い」と言われたのか。この使いが主のペルソナを担ったからなのか。それは「御父のペルソナだけを示す声が起こった」（Ⅱ・10・18）からか。ところが、御子のペルソナが御使いにそれを委託したのか、それとも聖霊のペルソナであるか、それとも父なる神のペルソナであるのか、あるいは全き唯一の神たる三位一体ご自身のペルソナであるか、との問いに対しては誰も容易に断言できない。この点は第3巻では「それとも、そのとき必要であったため、見える形で現れる被造物が取り上げられたのであろうか。そして耳に聞こえる声が作り出され、その声によって主の現臨が、その下にある被造物を通して人間の身体の感覚に応じる仕方で提示されたのであろうか」（Ⅲ・13・23）と推測される。

さらにわたしたちが一なる神であると信じ、そう理解する聖霊、または三位一体ご自身が、アブラハムの神、イサクの神、ヤコブの神であることを誰が否定できようか。さらに御父だけが神であるのではなく、御子もまた神であると告白しなければならないし、聖霊も神であることを彼らは認めざるをえない。

(2) カトリック教会の健全な信仰　それゆえ御父と御子と聖霊は、カトリックの健全な信仰が表明するように一なる神である。このようなわけで、あの方が御使の一人であったと見るにせよ、それが担ったのは三位一体のどのペルソナであるか、それは一つのペルソナなのか、それとも三位一体ご自身のペルソナなのかは十分に明らかではない、との結論に達する。だからカトリックの信仰に従うように勧められる。

目前の出来事を明らかにするために、人の目に現れ、耳に聞こえる被造物を取り上げて、それを主の使い、あるいは主、あるいは神と呼ぶとすれば、ここでは〔神の実体である〕父なる神ではなく、〔神の機能を担う〕御子あるいは聖霊を考えることができる。というのも聖霊はその働きを通して知られるからである。御使いはギリシア語ではアンゲロス、つまり告知者なのである。もちろん聖霊と神の子は神であり、御使いたちの主である（II・13・23）。

このように神性の顕現は神の三一性全体の働きであって、ペルソナの完全な同等性を否定しない。その際、天使がいわば媒体として用いられたと理解される（II・4）。

その場合、アウグスティヌスは三一性の問題についてギリシア、ラテン教父たちの見解をほとんど参照しないで、もっぱら聖書に厳密にしたがって解釈しようと努める（III・序・1）。ただし、例外がある。

(3) 種子的理念の学説　とくに注意したいのはII・5・9とIII・8・13—19で生体の創造を説明する**種子的理念**（rationes seminales）が説かれたことである。これは同時期に書かれた『**創世記逐語解釈**』で詳しく展開する学説である。アウグスティヌスは言う、「たしかに物体的で可視的なものとして生じるすべてのものは、その隠れた種をこの世界の物体的元素のなかに置いている」（III・8・13）と。これが有名な種子的理念という学説である。生き物の新種が最初現れるとき、植物の新種を創り出す園芸家のように、元素間に神によって隠された形で蒔かれていた種子が発芽すると説明される。神は万物を創造したが、そのなかのあるものは初めには現れなかったが、時間と共に可視化する前に、種子的な理念として存在すると説かれた。

(4) 神の背面とは何か　モーセの見神の記事には「主は顔と顔とを合わせて語られた」（出エジプト記33・11）とある。しかし実際は「あなたはわたしの後ろを見る」（同23節）とある。

それでは「後ろ（背後）」とは何かと問われる。神の御顔とは「すべての理性的な魂をとらえて激しく願いを起こさせる輝きである」（Ⅱ・17・28）であるが、「背面」とは「キリストの背後、すなわちキリストの肉を信仰によって見ること」である（同）。それは主の復活を信じることに繋がる。

これに反してマルティン・ルター（Martin Luther, 1483 - 1546）は『ハイデルベルク討論』第20命題で「だが、目に見える神の本質と神が見られる背面が、受難と十字架によって知られると解する者は、神学者と呼ばれるに値する」と説き、次のようにこれを解説した。

「神が見られる背面と目に見える神の本質とは、見えない本質の反対である。それはつまり人間性・弱さ・愚かさであって、第Ⅰコリント書第1章〔25節〕で「神の愚かさと神の弱さ」と呼ばれている通りである。なぜなら人間がわざを用いて神の認識を誤用するがゆえに、神は逆に受難を用いて認識されるのを欲し、見えない本質についての知恵を、見えるものについての知恵を、排斥するのを望まれた。それは御わざを用いて明示された神を礼拝しない人たちが、第Ⅰコリント書第1章〔21節〕に「世は、自分の知恵で神を知らなかった。それは神の知恵にかなっている。そこで神は宣教という愚かな手段によって信じる者を救うことをよしとされた」と言われているように、受難の中に神を礼拝するためである。したがって神を栄光と尊厳において認識しても、十字架の謙虚と恥辱において認識しないならば、誰にとっても充分ではないし、また無益であろう。こうしてイザヤが「まことにあなたは隠された神である」〔イザヤ書45・15〕と言うように、「神は知恵ある者の知恵を滅ぼす等々」〔Ⅰコリ1・19〕なのである」（金子晴勇訳『ルター神学討論集』教文館、126－127頁参照）。

第3巻――

第3巻では前巻に続いて生命体（有機物）の創造が詳しく説明される。この巻の説明は錯綜しており、解明できないほどに困難である。だがアウグスティヌスの意図は明白であって、彼は前巻で御子の派遣は御子が御父より小さいから派遣されたという従属説を批判し、検討することによって新プラトン主義者プロティノスが説く物体の流出説（それは一者・ヌース・プシュケー・身体・物質の5段階説である）からは説明できないと説く（1・3）。聖書では神の顕現は天使の働きである（1・4－12）。だが自然界における神の顕現は**種子的理念**（rationes seminales）によって詳しく説明される（8・13－19）。

この学説は前述したように、同時期に書かれた『**創世記逐語解釈**』で初めて説明された。アウグスティヌスは言う、この書物で「確かに物体的で可視的なものとして生じるすべてのものは、その隠れた種をこの世界の物体的元素のなかに置いている」（Genesi ad litteram, VII. 8. 13）と。生命体の新種が最初に出現するとき、園芸家が植物の新種を考案するように、元素（地・水・火・風）の間に神によって隠された形で蒔かれていた種子が発芽する過程から説明された。つまり神は万物を創造したが、そのなかの有機体は初めにはなかった。それらが時間と共に目に見えるものにまで発展する前に、その隠された条件である「**種子的な理念**」（rato seminalis）が創造神によって元素間に置かれていた。続いて起こった時間の進展によって生じる運動には、星辰の運動、四季交代する天体運動、生物のライフ・サイクル、たとえば植物における芽の生長・緑化・凋落、また動物が行動できる周界を形成し、誕生・生長・老化・死を通過することなどが属する。これらの発展はすべて神の管理の下に創造の時から今日にいたるまで続いている。それゆえ壮大な自然法則の展開は種子的理念を原理として生じていることが彼によって次のように説かれた。

あまねく知られた自然の進路のいっさいは自己の自然法則をもっている。この法則により被造物である生命をもつ霊も、ある仕方で決められた自己の欲求をもっており、その限界を悪しき意志といえども越えることはできない。また物体的世界の要素も一定の力と自己の性質とをもっており、各々は何をなし得るか、なし得ないか、そこから何が生じ得るか、生じ得ないかが決められている (Genesi ad litteram, IX, 17. 32)。

種子的理念はこのような自然現象の根元となる形而上学的原理であって、自然現象に対して神が直接的に関与して生じる奇跡の出来事ではない。カナの婚姻で水がぶどう酒に変わったのは自然の醸造過程の短縮による奇跡であり、アロンの杖が芽をふき、花が咲いて、あめんどうの実を結んだのは神の直接的関与による奇跡である。このような奇跡と種子的理念による過程とは異なり、後者は通常の仕方での自然の生成過程、とくに生物の発生過程を示すものである。これはアリストテレスが好んで生成過程を説明したように、始源の種子にみられる形相が期間の経過とともにどのように実現するかはここでは考察されていない。ただ形相は種子として元素の中に蒔かれていたが、時間の経過とともに、それぞれにふさわしい時にいたると、個体として現われたと言われているにすぎない。アウグスティヌスは『三位一体論』のなかで簡潔に次のように言う。

そのように〔発生した〕すべてのものは元素の織物のうちに根源的にかつ始源からすでに創造されていたが、適切な時にいたると発生する（Ⅲ・9・6）。

このように種子的理念は生物の種類にしたがって始源から完成した形相において創造の時に造られていたと述べているだけであって、「種」が時間過程のなかでどのように変化したかには言及されていない。したがって今日の進化論を説く意図はなかったといえよう。

ギリシア思想ではプラトンの『ティマイオス』が説いたように、世界の生成はその本質であるイデアから説明された。ところがキリスト教の創造思想は、アウグスティヌスが種子的理念の学説で説明したように、無から創造された物質は創造者が定めた法則に厳密にしたがって生成する。ギリシアの存在論では事物の本質が自然に先立って理念的に説かれており、鋳型《いがた》に鉄が注入されるように、本質的形相であるイデアが混沌たる物的質料に刻印されている。それに対しキリスト教の創造論では創造者の刻印が本質として自然の内に含まれている。ここから両者の自然観の基本的差異が生まれてきた。

次に第10章から預言者が行った不思議な業《わざ》が検討される（10・19）。その比喩的解釈がなされたのち、神の実体が可視的でないのに、御使いを通して行われており、さらに新約における神の顕現が検討される（11・22―27）。

第4巻――

この巻の冒頭に「救いの認識が神認識の始めである」（Ⅳ・1）と説き、事物の認識よりも人間の自己認識を強調する。「わたしを通して知られるものがあれば、それがこの書のなかに現れますように」と語られる。しかも虚構ではなく、堅固な真理が追求されるように願う。ここからアウグスティヌスの人間学が始まる。この箇所は彼の人間学についての数少ない善くまとまった箇所となっている。

この神と人との認識についてアウグスティヌスは最初に明瞭に述べたのは、初期の作品『**ソリロクィア**』（自己との対話）である。そこでは「神と魂」という表現によって同じ問題を次のように完結に指摘した。

理　性　ではあなたは何を知りたいのか。
わたし　わたしが祈りましたこれらすべてです。
理　性　もっと短く要約しなさい。
わたし　神と魂をわたしは知りたい。
理　性　ほかに何もないかね。

わたし　全く何もありません。（『ソリロクィア』Ⅰ・2・7）

この叙述はきわめて簡潔にして明瞭である。ここで「神と魂」とあるのは存在の尊厳にもとづく順序であるが、人間の思考では逆に自己認識から神認識への順序となっている。それゆえ「常に同一にいます神よ、わたしを知らしめ、汝を知らしめたまえ」（前掲書、Ⅱ・1・1）という、これに続く有名な祈りがなされ、この順序に従って自己認識から神認識へという方向が導入される。しかし、その叙述はあまりにも簡潔であるため、十分な説明がともなわれない。

ところが『三位一体論』第4巻では、初めに聖書とキリスト教古代の思想家たちから三位一体の教義を考察してから、自己認識の問題を取り上げ、それを解明しながら神認識の問題に入っていった。ここにアウグスティヌスの人間学の内容が簡潔に見事に叙述される（Ⅳ・1・2―3・6）。そこにはキリストの死と復活が救いの神秘であることが説かれた。中世ではクレルヴォーのベルナール（Bernardus Claraevallensis, 1090 - 1153）、近代の初頭ではルターやカルヴァン（Jean Calvin, 1509 - 1564）がこれに倣った。このようにしてキリスト教人間学の伝統が形成された。

ところがこの巻ではさらに救いの神秘が数の神秘として説明される（4・7―11）。その際、独特な数論が展開する。例えば6という数の意味である。また1と2と3を合わせた数が6であるように、6は完全な数である。それは神が6日にわたって世界を創造されたことにも現れている。また人間は創造の6日目に造られた。さらにキリストは人類の第6時代目に現れた。福音書のイチジクの木は3年間実がならなかった。3年間の月の数は6の6倍になる。年もこの数と関係し、6の60倍は1年に相当する。1日は6時間ずつの4倍である。このような驚くべき数論はわたしたちには無意味であるが、アウグスティヌスとその時代の人たちにとっては数の比喩的解釈はとても敬虔な心に満足を与えるものであった。それは神がすべてのものを計画された方法による一つの証拠でもあった。

このようになったのは、アウグスティヌスの『三位一体論』ではギリシア語で書かれた文献を十分に参照することができなかったからである。わずかに4世紀のポアティエのヒラリウスの『三位一体論』からペルソナの固有性について「御父における永遠性・似像における形・賜物における使用」という言葉を引用しているにすぎない（VI・10・11参照）。この人の作品は彼に大きな感銘を彼に与えた。ヒラリウス（Hilarius Pictaviensis, ca. 315 - ca. 368）とアウグスティヌスの両人によって提起された中心問題は、アレイオス派の異端と深く関わる問題であった。アレイオスは父・子・聖霊という三位一体についての教義は、父に子が従属することによって一神論と和解されうると説いた。これはオリゲネスの説いた**従属説**であった。アウグスティヌスは、正統信仰の著作家たちが、4世紀の最善のギリシア神学者たちをも含めて、アレイオスの思考方法に原理的に多く譲歩しすぎていたと考えた（チャドウィック『アウグスティヌス』金子晴勇訳、教文館、155頁参照）。

そこで彼は第4巻では聖書にもとづいて**三位の同等性**を説いてから、アレイオス派の異端思想を論駁する。その際**キリストの完全な犠牲**（8・12―14・19）が解き明かされ、「わたしたちは罪によって死へと来るが、キリストは義によって死へと来る。それゆえわたしたちの死は罪の罰であるが、彼の死はこの罪のための犠牲となった」（12・15）と説かれた。これが人間学的に「霊の死は神から捨てられること、身体の死は神から捨てられることである。また霊は意志的に神を捨てたため、意志に反して身体を捨てるという身体の死が、霊の受ける罰である」（13・16）と見なされる。また哲学者の説く、観照は「海の彼方にある故国を遠くから望み見ることであるが、何の役にも立たない。彼らがさげすむ木の船に乗って故国に行く謙虚な人にとっては、遠くから故国を見ることは何の役にも立たない」と哲学者の観照を批判する（15・20―18・24）。

なお、終わりに第2巻で論じられた**御子と聖霊の派遣**（19・25―21・32）について語られ、「異端者アレイオスはその理屈でもって強引に、御父・御子・聖霊について聖書の証言を、自分たちの欲するとおりに解釈しようと考えている」と批判する。

第5巻——

この第5巻と第7巻は明らかにアレイオス派の異端思想に対する論駁的意図を含んでいる。アレイオス派はキリストが被造物であるとみなし、神と本質を等しくしていないと主張した。彼らによれば神について語られていることはすべて実体によって（secundum substantiam）理解されなければならない。御父が「生まれない」ということは実体によって言われており、御子にとって「生まれた」ということは実体によって言われる。しかし「生まれない」と「生まれた」とは全く相違している。したがって御父の実体と御子の実体とは異なる（V・3・4）。これは、「父なる神」と「子なるキリスト」の実体（本質）の同等性を否定するものであって、キリストの神性を否定することにほかならない。

第5巻ではペルソナ概念を三位の神の「関係」として捉え、このカテゴリーによって三一性を解明する。それは次の5つに分けて論じられる。(1)まず初めに神について語ることの困難について言及され（1）。(2)次に神は関係のカテゴリーによってのみ語られることができる（2−8）。(3)ペルソナの概念の詳細な規定を試みる（9−11）。(4)さらに聖霊についての規定を確定する（12−16）。(5)終わりに神と被造物との関係について結論する（17）。

感覚と知性が備わっていてこれによって神を捉えようとするが意見が一致が得られない。それでも信徒の敬虔はこの絶対者もしくは永遠者なる神をもとめて燃え上がる（1・2）。例えば出エジプト記3・14には「**わたしは在って在る**」（Ego sum qui sum わたしはある。わたしはあるという者だ）と記されており、変化しないものだけが真にあると見なされる。これはギリシア哲学の概念を使った説明である。それゆえ、この規定はその後アンセルムスを経てトマスに及んだ**神の形而上学的概念**として用いられた。アウグスティヌスは、神の存在をアレイオス派のように、恒常不変な実体として語るだけでなく、関係によって（secumdum relativum）述べられる場合もある点を指摘する。「それゆえ、御父であることと御子であることとは異なるが、しかも実体が異なるのではない。これは実体に従う言表ではなく、**関係に従う言表**である。そして関係は変化しないゆえに偶有ではない」（V・5・6）。

またアレイオス派は神について実体的に捉えて「生まれない」神と「生まれた」御子とは相違すると主張する。これを反論してアウグスティヌスは実体的ではなく**関係的**に考察すべきであると説く。「実体」と「関係」とはアリストテレス（Aristotelēs, BC. 384 - 322）の範疇では別である。父子関係は相互的であり、関係的にのみ理解すべきである。そこで「関係」のカテゴリーと「実体」のカテゴリーの相違が指摘され、実体は同じでも関係が異なる点を御父と御子という父子関係で捉え、「ペルソナ」の概念が「関係」として使われる。アウグスティヌスはアリストテレスの10の範疇を説明し（7・8）、父子の関係を「ペルソナ」によって解明する（8・9）。こうしてカトリック教会では三位一体の神は「1つの本質ないし実体・3つのペルソナ」として規定された（9・10）。このことは聖霊との関係でも解明され、ペルソナによって父・子・聖霊について固有な性質が述べられる点が指摘される（11・12－15・16）。

第6巻――

この巻は二つの部分からなる。(1)神について語られることはどのペルソナにも語られる（1－7）。(2)それぞれのペルソナが固有の規定をもつことを解明する（8－12）。

この巻では**内在的な三位一体**と**外在的な三位一体**について考察される。内在的とは神性における三一性であり、外在的とはそれが歴史において顕現する形である。アレイオス派は前者を知らず、後者の差異だけを捉えて、父と子の内在的一体性を理解していない。この議論は巻頭から第9章10節まで続く。その際、「精神と身体」という人間学的な区分を使って、「精神は身体ではないが、人間は同時に精神と身体である」ように「御父でない御言葉が御父と共に神である」と説かれた（2・3）。また「互いの本性の異なるものが〈一つである〉」という意味が考察される。さらにペルソナが異なっていても、一つの神である点が神と人が「一つの霊である」ことから解明される(3・4—8・9)。

さらにヒラリウスの『三位一体』からペルソナの固有性について「御父における永遠性・似像《にすがた》における形・賜物における使用」という言葉を引用して深遠な問題が考察された(10・11)。そのなかで「似像における形」とは「全く調和をもつ美」のゆえであり、「最高の等しさと最高の類似性」があり、「不調和・不等・非類似」はなく、似像がその対象と同一だからである。これに続く叙述は内在的な三位一体の叙述として最高の内実である(同上)。

アウグスティヌスは、神の存在が関係によって(secundum relativum)述べられる場合もある点を指摘する。したがって、神の三位格「父」・「子」・「聖霊」が相互に「関係的」に述べられるのは、それぞれのペルソナに、固有の意味で属している特性を意味するものである。その際、もちろん「子」が三一性でもなく、「聖霊」が三一性でもない。また個別的に述べられるときには、三つの複数のものが意味されるのではなく、一つのもの、すなわち三位一体自身が意味される。聖書の証言が示され、それによって三位の神の統一性と等しさが論証される。こうして「**ペルソナ**」が「**関係**」を意味することを論証する。

第7巻――

ここでは前巻の主題を受け継ぎ、⑴神についての実体的言明と関係による言明について考察される（1―6）。⑵神についての三つのペルソナは一つの力、一つの知恵であることを述べ、三位一体の正しい**言語的表現**を考察する（7―11）。⑶終わりに、神の似像をとおして神に近づく道を提案する（12）。

この問題は「キリストは神の力であり知恵である」（Iコリント1・24）とある「力と知恵」について検討される。またここから生じる諸問題が検討される。5つの問題点が指摘される（1・2）。「関係による言明」はすべて相互的に言われる。だが「人間という実体がないなら、関係で主人と言われるものはない」。ここでは実体と関係がカテゴリーとして共に用いられている。たとえば知恵について言うと「御父と御言葉とは同時に一つの知恵、一つの本質である」（同）。聖霊についても同じことが言われる。そこから父・子・聖霊は「**一つの本質・三つの実体**」と言われた**三一性**をラテン語では「**一つの実体・三つのペルソナ**」と言われるようになった。だが三つのペルソナは一つの力、一つの知恵であることが説かれ、三位一体の正しい言語的表現を考察する（4・7―8）。

さらにペルソナが以前ギリシア語の「実体」をあらわす概念で用いられたとしても、それが類や種の概念として用いることができないことを確認した上で、以前に「実体」として用いられ、その内実は「関係」であることを主張するようになった。

神にとっては存在すること（esse）と実存すること（subsistere「下にある」、「存続する」）とは同じであるならば、三つの本質（essentia）があると言うべきでなく、さらに三つの実体（substantia）があるとも言うべきではない。同様に、神にとっては存在することと賢くあること（sapere）とは同じであるゆえ、私たちは三つの本質と言わず、三つの知恵（sapientia）とも言わない。このように、神にとっては神であることと存在することとが同じであるならば、三つの本質や三つの神を言うことは許されない。しかし、神にとって存在することと実存することとが別であり、存在することと御父あるいは主であることとが別であるならば、存在することはご自身について言われ、御父は御子に対し、主は服従する被造物に対して言われ、このように関係において生み、関係において支配する者として、関係において実存するのである。そうであれば、実体はもはや**実体ではなく、関係なのである**（Ⅶ・4・9）。

ここで初めてペルソナが「実体」ではなく、彼以前に「実体」と呼ばれていたとしても、それが「関係」として用いられている点が指摘される。こうしてペルソナは実体と同じく類概念として用いられたとしても、「関係」を表す概念であることが説かれるようになる。こうして三位一体の秘儀が「関係」によって提示されるようになった。

終わりに、これまで探求してきた第1巻から第7巻までの前半部分の結論的な要約が第8巻の巻頭に次のように示される。

三位一体の神（**御父**と**御子**と両者の賜物である**聖霊**）は相互関係的に（relative ad invicem）言い表される。……ペルソナがそれ自身について（ad se）言われるときは、三位一体が語られるのであって、それは複数で三つのものではなく一つのものである。……これらはみな相互関係的にではなく、それぞれのペルソナが他に対してでなくそれ自身について言われる。……したがって三つのペルソナないし三つの実体があると言われるのは、それらが本質の何らかの相違を表すからではなく、この三つが何であり誰であるかと問われたとき、ある一語でもって答えることができるためなのである。そこでこの三位一体においては、神性に関して御父は御子よりも大きくないだけでなく、御父と御子の両者は聖霊よりも大きくないという等しさがあり、さらに三つのペルソナのどれも三位一体自身よりも小さくないのである（Ⅷ・序・1）。

このようにアウグスティヌスは三位一体について聖書の信仰にもとづいて考察し、アレイオス派を論駁してから『三位一体論』第8巻以降ではこの教えを理性によって理解しようと試みる。三位一体の神に対する信仰と自然的な理性とは理解作用において全く異なる。自然的人間は、神の特別な援助なしには神の真理を把握することはできない（Ⅶ・6・11）。しかし、彼は可能なかぎり理性によってこの真理を把握しようと試みる。そのために彼は人間の精神の働きをいっそう深く追求しなければならなかった。

第3章 『三位一体論』第2部（第8－15巻）の構成

アウグスティヌスは信仰をもって三位一体の信条を唱えるのと、それを理解するのとは別であることに気づいていた。神の助けをもっていない普通の人が三位一体を理解するのは不可能である（Ⅶ・6・11）そこから理性的な解明の必要が出てくる。こうして残りの八巻は教会が教える三位一体を理解する道に知的なキリスト教徒を導くような壮大な試みが遂行されたのである。

第8巻──

ここでは**愛の三一構造**が考察される。そこでは古代哲学の**類推説**であるアナロギアが推理作用として用いられた。**類推**というのは等しいものの間で認識を可能にし、古代では**アナクシマンドロス**（Anaximandros, ca. 610 – ca. 546 BC）の「等しいものは等しいものによって認識される」という原理が認識学説として行き渡っていた。これが神認識に求められ、三位一体の神の認識には人間における三一構造が探求された。ここにこの問題に向かう新しい思索の試みへの移行が示される。まず神について真実に考えるためには精神が物体的な感覚的な表象を超えなければならない。壊敗《かいはい》する身体で重くなった魂は「真理」が光として照らしたものを捉えることができず、目が眩《くら》んで日常世界に戻ってしまう（Ⅷ・2・3）。

そこで彼は考察の出発点として**愛の経験的現象**を分析し、**愛の三肢構造**（tria）を記述する。愛の目的は善である。創造されたものはすべて最高善を分有することによってのみ善である（3・5）。一般に言葉が何かを述べながら同時に自己自身をも述べているように、**愛も何ものかを愛しながら同時に愛そのものを愛している**。こうして愛は愛の根源である神に繫がっている（8・12）。また、不変の善なしには可変的な善はない。魂が自分自身とその隣人を愛するときでも、最高善を愛している（9・13）。こうして愛の行為には三つのものが含まれている。すなわち、**愛する人**（amans）・**愛されるもの**（quod amatur）・**両者を結ぶ愛**（amor）が含まれている（10・14）。このような三位一体の類似像は神の三一性を微かに示す像、痕跡に過ぎない。それゆえもっと完全な類似像を探さねばならない。

愛の行為の三重の分析は愛する人と愛される人の二つのものしかないので、完全な三肢がない。それがあるのは精神が自分自身を愛する場合である。その場合には愛する人と愛される人とは同一であるから、三肢はない。

第9巻——

ここでは**自愛の三一性**が説かれる。愛する者と愛される対象とが実体的に一である場合は**自愛**(amo sui)**の現象**である。しかし、自愛の現象では愛する者と愛との二肢構造であって三肢をもっていない(IX・2・2)。しかし、自愛という現象は自知なしには存在し得ない。愛が知を媒介にして展開するというのは愛知《フィロソフィー》の学としての哲学の試みと言えよう。こうして愛が知を媒介にして自己を精神(mens)として定立するとき、精神の自己規定に現われる**三一構造**、つまり**精神**(**mens**)・**自知**(**notitia sui**)・**自愛**(**amor sui**)がとらえられる。この精神の三一構造は三肢がそれぞれ独立でありながら相互に関わり合う三位一体の神の類似像である(3・3—5・9)。

しかし、二種類の認識があって感覚的な像としての知識と永遠の真理による知識とは異なり、感覚と直視とは相違する。魂が自己を永遠の真理において見るとき、そこに内的な言葉が誕生し、それは三位一体を構成する知識となる(7・12)。また愛は精神と知識とを結びつける(8・13)。この愛の対象志向性は認識をして対象の存在や記憶内の表象に依存させることなく、心の注意作用(intentio animi)とか意志によって行なわれる(XI・2・3)。このような愛の根源的志向性は認識における主体的関係を造りだし、他の諸々の行動をも基礎づける根源的作用である。ここから先の精神・自知・自愛の三肢が得られる。ところが精神の基体である魂の可変性によりこの像は永遠的なものではない。そこでアウグスティヌスは「**自己のうちに見る**」(videre in se) ことと、魂のうちに宿っている「**真理自体のうちに見る**」(videre in ipsa veritate) とは相違すると述べる。精神が不変の真理を認識するとき、精神自身よりもさらに内的である真理を認識しており、そのような認識を行なうものは**知性** (intelligenntia) である。「インテリゲンティアとは魂が真理を観照しているかぎりでの魂である」(シュマウス、M. Schumaus, Die psychologische Trinitaetslehre des heiligen Augustinus. Michael Schmaus, 1897 - 1993, S.305)。この知性を記憶内部の理念に向けるのは意志の働きである。ここから知性的認識における三一構造として**記憶** (**memoria**)・**知性** (**intelligentia**)・**意志** (**voluntas**) という三位一体の類似像が把握される (6・9、X・11・17)。

第10巻 ——

次いで**自知**を認識方法論的に検討して「**記憶・知性・意志**」の三一構造を取り出す。まず精神が「**永遠の真理の理念において**」(in ratione veritatis aeternae) **自己を知る**とはどういう意味なのかと問われる (X・3・5)。この方法が明瞭ではないので、この巻はこの点の詳細な研究にささげられる。この場合、魂は自己を知るのに自分だけでは不十分である。それゆえそれは神の助けを求める（5・7）。魂が表象像（直観的に心に思い浮かべられる外的対象像）を通して外的な対象を捉えるときでも、その結果得られる知識は、すべてが精神の外に起源をもっているのではない。感覚的な表象像を形成するときでも、魂は自己自身の実体に何かを与えることでそれらの像を自己の内に形成する。そのために魂の本性とその像とを混同することもありうる。唯物論的な精神の哲学者はそのようにしたのであった（7・9）。だが、それでは魂はその表象像の中に自己を発見できない。何かを発見したり、考察したりすることは、文字通りその事物の中に入っていくことを意味する。このことは身体、魂、神についての知識に関しては真理である（7・10）。このように精神も自分自身にかかわることで自己をはっきりと知る（9・12）。

そこから次の2点が明らかにされる。

(1) 対象意識としての記憶

魂が自己自身にかかわることは「意識」の分析に導き、それは「記憶」（memoria）と呼ばれる。『告白録』の第10巻でメモリアの詳細な考察がなされた。『三位一体論』の第10巻でもこの問題が引き続き検討され、記憶の内容、外的知覚を通して知られるさまざまな身体的な像、また内部感覚や魂の運動、つまり学習・理解・認識・感情・受苦などの現象が検討された。特に記憶の宝庫には知的判断の諸原理（rationes）が見いだされる。それは科学知であって、そこには数の原理、幸福の原理、真理の原理も含まれる。そして意識の最大の対象である神自身にまで分析はすすむ。

(2) 対象意識から自己意識へ　さらに対象意識から自己意識へと考察が伸展する。アウグスティヌスは今や外的な事物の表象像による知識の他に、魂の内部で知られ、表象像の外にある多くの知識を見いだす。たとえば彼は自分が生きていること、記憶し、理解し、意志し、思考し、知り、判断することを知る（10・14）。人間は自分が疑っていることを知っているときでも、自分が生きていることを知っている。このことは意識している精神の中に新しい類似像「**記憶（memoria）・知性（intelligentia）・意志（voluntas）**」があるという結論に達する。ここに精神が神の三位一体の類似像であることが見いだされる。これによって似像から原像を捉える推理が**類推**という推理として用いられる。

第11巻 ――

ここでは外的な人間から三肢構造が探求される。本論からややそれるが、この問題は第14巻でもさらに考察される。ここで問題となるのは、身体の知識と関係する精神の作用である。「疑われるときでも人は生きている」（XI・1・1）と言われる。これはデカルトの懐疑と同じ問題である。それは感覚的知識の問題を扱うことで精神の三一構造の理解を促進するためであると思われる。感覚的意識においてさまざまな三肢が見いだせる。これが外的感覚の三肢構造である。そこには**感覚されるもの**（res）・**見る行為**（visio）・**注意する意志**（voluntas）が見いだされる（2・2）。しかしこれは同等性を欠き不完全な類似像に過ぎない。それは第2の類似像、身体の外観（spesies corporis）・刻印された心像（impressa eius imago）・意志（voluntas）の三肢である（2・5）。だがこのような外的感覚から形成される機能は変形した三位一体の像に過ぎない。

ここから感覚的な記憶・内的なビジョン・意志という三肢が示唆される（3・6－4・7）。この場合には心理学的な三肢の統一が認められる。すべての構成が精神にとって内的であるから。しかしそのような知識は身体的な事物の外面を見ており、そのようなものに関心をもつ人はよい人ではない。したがってこれは、全く似ていなくはないけれども、神の三位一体の像とはいえない（5・8）。

もう一つの内的な三肢は記憶の中に置かれているもので、思惟と意志の過程で生じるものから作られる（7・12）。ここには思惟（cogitatio）があって、特別な思考のタイプである。この活動で人間の精神は、経験のさまざまな要素を一緒に集め、それを一つのグループとする。そのような記憶のグループには精神的な集中があって、思考は理解の作用にとって予備的なものである。それは抽象の作用でも、演繹《えんえき》の作用でもない。というのは普遍は記憶内容のグループ分けから出てこないからである。なぜなら永遠の真理に対する高度な直視から得られる普遍的なものは、そのようなグループ分けに対する知的な判断が適用されるからである。そこには一連の種や形式の叙述がなされ、思考の作用の内に立ち上がってくる。そこにはアウグスティヌスの知覚の現象学が次のように展開する。

ここでの論議は、物体の姿で始まり、思考する人の直視（contuitus）の中に生じる姿で終わるのであるが、４つの姿が明らかになった。それはいわば段階的に、あるものが他のものから生じるので、第二のものは第一のものから、第三のものは第二のものから、第四のものは第三のものから生じることになる。実際、見られる物体の姿から、見る人の感覚の中に生じる姿が現れる。そしてこれから、記憶の中に生じる姿が生まれる。さらにこれから、考える人のまなざし（intuitus）の中に生じる姿が生まれる。そこで意志は三度、いわば親と子とを結合する。まず物体の姿と、身体の感覚の中に生まれる姿とを結合する。次にこれと、これから記憶の中に生じる姿とを結合する。第三にこれと、思考する人のまなざしの中に生じる姿とを結合する。第二の結合すなわち中間の結合は第一の結合に近いが、第三の結合ほどにはそれと似ていない。なぜなら、ここには知覚の視像と思考の視像という二種の視像（visiones）があるからである。しかし、思考の視像があるためには、知覚の視像に似たものが記憶の中に生じなければならない。精神の視線（acies）は思考の中で記憶に向かうが、これはちょうど身体の目の視線が物体に向かうのに似ている。このようなわけで、わたしはこの種の三一性を二つ提示しようとしたのである。一つは、知覚する人の視像が外の物体から形成されるときの三一性であり、一つは思考する人の視像が内的な記憶から形成されるときの三一性である。しかしわたしは、中間的な三一性を述べようとはしなかった。なぜなら、見る人の感覚に生じる形が記憶に渡されるとき、それはふつう視像とは呼ばれないからである。けれども、どの場合でも、意志はいわば親といわば子とを結合するものとしてだけ現れる。それゆえ、意志はどこから発出するとしても、親とも子とも呼ばれないのである（9・16）。

外的感覚対象の種（species corporis）が外的知覚における種（species cernentis）を生み出す。この外的知覚における種が記憶における種に上がっていく。終わりに記憶内の思考の注視における種を生み出す。アウグスティヌスの最後の種は知的な形相ではない（それゆえトマス・アクィナスの抽象説と混同されるべきではない)。記憶の集合の原理は思考によって生じる内容である。さらに「量・数・重さ」(知恵の書11・20 あなたは、長さや、数や、重さにおいて、すべてに均衡がとれるよう計らわれた。)という三一性も考察される。

第12巻 ——

ここには知識と知恵の区別という重要な分析がなされる。そのために内的人間と外的人間の区別がまずなされる。人間の理性(ratio hominis)も二分され、身体的な事物に向かう「低次の理性」(ratio inferior)と上方に向かって恒常不変な真理と求める「高次の理性」(ratio superior)とに分けられる。そこには二つの理性があるのではなく、二つの機能に分けられ、その下位と上位の働きに応じて、**知識**(scientia)と**知恵**(sapientia)とに区別される(Ⅻ・3・3)。この区別はカントの考えに従って言い表わせば、「悟性」(Verstand)と「理性」(Vernunft)の区別に相当する。しかしアウグスティヌスによれば、精神は知識から知恵に導かれるのであるから、理性と知性の区別といってもよいであろう。知者は少なく、永遠の真理の観照によって賢くなる。知者といえどもいつも真理を見ているのではない。彼とても真理を瞥見《べっけん》するに過ぎない。この真理が記憶に残っていると、この真理を見る能力を発展させることができる(15・25)。他方では知識は時間的で可変的な事物の理性的な認識に関わる(12・17)。それゆえ「知識の国は活動的な生活であり、知恵の国は観想的な生活である」（M. Schumaus, op. cit., S. 291）と言うことができる。

この区別がアウグスティヌスの認識論の主眼点となった。ここからプラトンの想起説の批判と彼の照明説という二つの主張が展開する。

(1) 想起説批判

彼はプラトンの『メノン編』に展開する想起説を批判して次のように言う。

しかし、これが以前知られていたものの想起（recordatio）であるとすると、すべての人、あるいはほとんどすべての人はそのように質問されても、同じことはできないであろう。なぜなら、前世においてすべての人が幾何学者だったのではないし、人類の中で幾何学者はほとんど見つからないほど稀だからである。それゆえ、こう言うべきである。知性的精神の本性は創造者の計画により、本性の秩序において知性的な事物に結合されており、それらの真理をそれ自身の種の（sui generis）非形体的な光の中で見るように造られている。これはちょうど、肉眼がわたしたちを囲む事物をこの物体的な光の中で見るのと同じである。それらの事物はこの光をとらえ、この光に適合するように造られている、と（15・24）。

ここで「それ自身の種の（sui generis）非形体的な光の中で見る」とある「光」とは何であろう

か。それを明らかにすることは困難である。

(2) 照明説の展開

この「光」は精神そのものと同じ種である。つまりそれは霊的である。しかしそれは魂の能力ではない。ちょうど太陽の光が事物を実際に見えるようにして身体の目を助けているように、神の真理の霊的な光は精神にその対象を実際に理解できるように助ける。この霊的な光が自然的なものか、それとも超自然的なものか、創造者なる神が創造物を支持する一般的な結合の枠内に入るかどうか、この光が神によって個々人に授けられる特別な助けであるかどうか、アウグスティヌスには十分な解答が見いだせない。それでもこの**霊的な照明説**は彼の思想のもっとも特徴的な内容となっている。

このようにして照明説がプラトンの想起説に代わって説かれた。知識も知恵も**霊的な光**を必要とする。この「光」で神はすべての人の知性を照明する。それは人がこれによって人生の一時的な問題や観想の不変的な諸対象を正し判断するためである。彼は最後の科学知の領域内で**心の三一構造**を見いだそうと試みる。記憶に刻まれた身体的事物・霊にある理性的な思考・両者を結合する意志という類似像がある（15・25）。彼はこの三一像について詳しくは述べようとしない。真の三一構造はそれよりもいっそう高次の完全なる形式で見いだされねばならないからである。

さらに『三位一体論』第12巻では知識と知恵とを区別がなされるが、知識といっても単なる事物の外面的知識ではなくて、「真の祝福に導くもっとも健全な信仰が生まれ育てられ守られ強められるものだけが知識に属する」（XIV・1・3）と言われる。そこから次の3つの点が強調されるようになった。

① 知恵の現実化としての受肉

だから知識はそのうちに知恵を含む真理を表現しており、とくに神の言葉の受肉は歴史的啓示としての知識にほかならない。信仰の認識はイエスにおいて啓示された永遠の知恵を対象とするため、時間的なものであるかぎり知識であっても、永遠的な真理に確実に導くものである。こうして、人間であるイエスを通して神なるキリストへとわたしたちが導かれる、と彼は言う（XIII・19・24）。しかし、信仰の認識は時間上の過ぎ去る事物に関わっているかぎり、永続するものではなく、神の全き観照が成立するときまで続くにすぎない（XIV・2・4）。永遠不変なのは知恵そのものであり、永続するのは神を観照する知恵の認識である。

② 礼拝は人間の知恵である

このように説きながらもアウグスティヌスは「最高の知恵は神であり、神の礼拝が人間の知恵である」と語っている（同1・1）。彼は精神の三一的な像全体を神に向け、神の本質である知恵に関与することを神の礼拝（colere Deum）とみなしている。サピエンティア（知恵）とはクルトゥス・デイ（神の礼拝）であると彼は繰り返し語る（同1・1この点に関して『ヨハネ福音書講解』XXVIII・28、『エンキリディオン』1・2をも参照）。そうすると神の認識は観照という高次の直観でのみ成立するのではなく、礼拝という行為の中でも実現していることになる（それゆえシュマウスが言うように「記憶・知性・意志によって行なわれる礼拝は、一般に人間精神が神の像であるところの知恵の内実を制限している」（M. Schmaus, op.cit., S. 305)。ここにも認識する人間の現実の存在が反映しており、現世では神の観照が不可能であっても、それは礼拝によっても可能であるがゆえに、礼拝形式によって知恵の内実が制限される。

③「一つの霊」となる神秘　したがって現世では神の完全な観照は希望の内にあり、信仰による神の礼拝こそ「人間の知恵」であり、この礼拝において神と一つになることを彼は「一つの霊（unus Spiritus）となる」というパウロの言葉によって語っている。

精神が究極的に神に寄りすがるとき、「しかし主に寄りすがる人は神と一つの霊となる」と使徒が証言しているように、一つの霊となるであろう。このことは神の存在・真理・至福の分有にまで精神が到達することによる（XIV・14・20、なお『告白録』VII・11・17参照）

この言葉は終末の完成時のことを述べているが、神への帰依は礼拝の基本行為であるから、現在においても信仰において実現できるが、それでも神と精神が一つの霊となるのは聖霊によって注がれる愛のわざによる（XV・17・31）。「聖霊によって神の愛がわたしたちの心のうちに注がれ、神の愛によって全三位一体がわたしたちのうちに住まいたもう」（XV・18・32）。神と人間との関係は神の愛によって神と一つになるため「カリタス（愛）の神秘主義」とも、また三位一体とその像との間に成立するため「三位一体的神秘主義」とも表現できる（M. Schmaus, op. cit., S. 309）。

第13巻――

ここでは信仰と知性もしくは理解がヨハネ福音書の言葉にもとづいて解明され、これまで論じてきた知識と知恵の区別の正当性をさらに解明しようとする。まず洗礼者ヨハネについて彼が「神の言《ことば》が肉となって、光をもたらした」と告げられているが、彼は光ではなく、光について証しを語るために来た、と言う。つまり「言は肉となって、わたしたちの間に宿られた。わたしたちはその栄光を見た。それは父の独り子としての栄光であって、恵みと真理とに満ちていた」（ヨハネ1・14）。こうして「言」は自分の民の中に来たが、民は受け入れなかった。しかし彼を受け入れた者、すなわち彼の名を信じた者には、神の子となる資格が与えられた。この人々は血筋によらず、肉の欲によらず、人の欲にもよらず、神によって生まれたのである。したがってこの聖句の「前半は観想によってわたしたちを至福な者となす不変にして永遠なるものに関係し、後半は時間的な事物と一緒になった永遠なるものを語っている」。前者は「観想的な生を求める言葉であって、知性的精神によって理解されるべきである。わたしたちはその生のなかで前進すればするだけ、たしかに知恵を増すであろう。しかし、〈光は闇の中で輝いている。そして闇は光を理解しなかった〉と言われているように、信仰が必要であり、見えないものは信仰によって信じられるのである」と説かれた。

ところで洗礼者ヨハネが説いたのは「光について証しをするため、またすべての人が彼によって信じるためであった」と書き加えられる。「これはたしかに時間のなかで起こったことで、歴史的認識によってつなぎとめられる知識に属している」。しかし、「わたしたちはこのヨハネという人を、人間本性についての知識によって記憶のなかに刻まれた表象に従って考える」。この点は彼の「言葉を信じる人も信じない人も同じ仕方で考える。なぜなら、どちらも人間とは何かを知っており、人間の外的部分である身体を目の光によって知ったが、内的部分である魂を彼ら自身において彼ら自身も人間であるから、また人間の交わりをとおして知っているから」とアウグスティヌスは反省する。その際、「神から遣わされた」ことを受け取るのは信仰によってのみ可能であって、信仰によって受け取らない者は懐疑によって動揺し、不信仰によって嘲笑する。そうは言っても、心の中で「神などない」（詩編14・1と22・2）と語る、はなはだしい愚か者と数えられることがない限り、人々はこれらの言葉を聞いて、神とは何か、また神から遣わされるとは何かを考えるのである。彼らは事実そのものを知らないでも、自分の力に応じて知るであろう」と説き明かされた。（以上すべてXIII・1・2）。

ここから**信仰による三一像**が探求されはじめる。神を信じるものには心の中に信仰があるが、この信仰は物体のように肉眼で見られ、記憶に保たれ、その似像にもとづいて考えられる。ここにアウグスティヌスは他者認識の類推説を展開する。

わたしたちはその人の魂を見たのではないが自分の魂から推測し、さらに身体の運動を見て判断し、思考によって認識することができる。このように、信仰は心のなかにあり、心によってその人のものであるとしても、心のなかで見られるのではなく、真に確実な知識がそれを保持し、良心が呼び求めるのである。それゆえ、わたしたちに信仰が命じられているのは、信ぜよと命じられているそのものを見ることができないからであるが、信仰自体がわたしたちの中にある限り、わたしたちはそれをわたしたちのなかに見るのである（XIII・1・3）

確かに人間や世界、また言葉の響きは、身体の外的な感覚をとおして知覚される。聞くことも身体の感覚である。しかし、認識は精神の理性によって理解される。「民は受け入れなかった」という事態の意味は身体の感覚によってではなく、精神の理性によって知られる。その際、これらの言葉の響きは、一部は身体の感覚をとおして、一部は精神の理性によって理解される。そこには言葉だけでなく言葉の意味を記憶によって保持し、そこで認知するのである。ここには信仰の優れた理解が示される。

信仰は聞くことによって起こるが、それは音ではなく、聴覚と呼ばれる身体の感覚によって生じる。それは物体の色や形ではないから、触覚にも属さない。「信仰は心のものであって身体のものではないゆえ、そもそも身体の感覚に属していない。信仰はまたわたしたちの外ではなく内奥にある。人は誰でも信仰を他人のなかにではなく、各自が自分自身のなかに見るのである。最後に、信仰は見かけ上のことがあり、信仰していないのに、それがあるように思われたりすることがありうる。それゆえ、人は誰でも自分の信仰を自分自身の許に見るのである。他人に関しては信仰があると信じるのであって、それを見るのではない。信じることが強ければ強いほど、その実は大きいことを知る」（2・5 一部改訳）。

だが、すべての人が信仰をもっていないので、人々の心が普遍的に、かつ、一般的に同意している事態を探し求め、幸福の探求にそれを見いだす。多くのギリシア・ローマの哲学者は真の幸福の本性を知っていない。彼らは救いの観念さえもっていない。ここから彼は受肉の思想を語りはじめる（7・10－15・19）。キリストの血による贖いについて詳論し、人は神の敵から神の友に変えられる。なかでも古典的な出典箇所となった「わたしたちが功績（meritum）と呼ぶものは、神の賜物（donum）である」ことが力説される（10・14）。

だから知識はそのうちに知恵をもつものとして真理を表現しており、とくに神の言葉の受肉は時間のうちへの真理の現われであり、歴史的啓示としての知識にほかならない。それゆえ信仰の行う認識はイエスによって啓示された永遠の知恵を対象とするため、時間的なものであるかぎり知識に属していても、永遠の真理に確実に導くものである。それは永遠への必然的導きの星である。ここに信仰の三一構造である**内的人間の三一構造**が見いだされる。それは**超自然的な信仰・この信仰の想起・人々を愛させる意志**から成っている。こうして人間であるイエスを通して神なるキリストへとわたしたちが導かれる、と彼は言う（19・24）。

第14巻――

ここでは「神の分有」とは何であるかがプラトンの学説との関連で詳論される。まず巻頭からアウグスティヌスは過ぎ去っていく時間的な事物に関わる信仰に見いだされる三一構造を退ける。彼はその構造を〔信仰記憶の〕**保持・直観・愛**と呼ぶ。これは現世で生きるために必要な知識であって、神の像に期待される永遠性を欠いている。したがって知識というのは単なる事物の外面的知識ではなくて、「真の祝福に導くもっとも健全な信仰が生まれ、育てられ、守られ、強められるものだけが知識に属する」(XIV・1・3)と言われる。それゆえ、まず主として罪によって毀損している神の像がいかに救済され新しくされるかを論じ、信仰が力説された。罪による像の損傷は具体的には理性が暗くなり、意志が無力となっていることに示されるが、その場合でも、まず愛の方向転換としての**一回的回心**と**漸進的治癒**による**健康の回復**とが求められる。この回復が日々進むその終極において「顔と顔とを合わせて見る」(Iコリント13・12)神の至福直観にいたると説かれる(XIV・17・23)。したがって神を対象とする認識にも信仰の認識と理性による認識との二種類が区別された。

そこで彼は第10巻の魂の自知の問題に立ち帰る。精神は自己の記憶の中で自分自身に現前するとき自己を知る。こうして記憶・理解・意志の三一構造が見いだされた(6・8—9)。精神は思考の他の対象と区別していつも自己自身を考えているわけではない。それでは精神はどのように記憶の中に自己自身の知識を絶えず保っていることができるのか。この問いに対して音楽家とか幾何学者が自己の知識を保つ仕方が考察される。これらの人たちは絶えず自分の音楽とか、自分の幾何のことを考えてはいない。それなのに彼らはそのような技術とか科学に属する知識を保っている。この知識は考えられていないときでも、記憶に留まっている。これは感覚のイメージではなくて、知的なイメージである。この知識が記憶の中にいつもあるように、精神は記憶のなかに自己に対して現前する。しかし後者の場合、記憶・理解・意志の内実は外からは来ていない。すべては精神の統一のなかで見いだされる。このことは一時的な出来事ではない。精神は習性としていつも**自己を記憶し、理解し、愛している**。ここにわたしたちは心の最高の三位一体を見いだし、それが神の三位一体の像で予測される特性のすべてをもっていることを知る（8・11）。ここから分有の意味が次のように説かれた

(1)「神の分有」とは「神に与《あずか》る」を意味する

しかし精神は、その似像に従って造った神を記憶し知解し愛すべきである。それゆえ「造られざる神を拝せよ」と言われる。なぜなら「精神はこの神によって、神を受け入れ神に与るように造られたのである」からである。そこから「主を畏れ敬うこと、それが知恵」（ヨブ記28・28）と記されている。したがって「精神は自分の持つ光によってではなく、あの至高の光に与ることで知恵あるものとなり、精神が永遠に支配するとき至福のなかで支配するであろう」。こうして「人の知恵は神の知恵でもある」ことになる。そのときこそ、精神は真に知恵あるものとなる。この知恵は「神がそれによって賢くあるような神

の知恵ではない。人間の精神は神に与ることによって賢くあるが、神は神自身に与って賢くあるのではない。わたしたちが神の義と呼ぶものは、神自身がそれによって義であるところの義であるだけでなく、神が不敬虔な者を義とするときに人間に与える義である」。「それゆえ、その方なしには存在しえないその方と共にいないことは、人間にとって大きな不幸である。明らかに、神のなかにある人間は神なしには存在しない。人が神を想起し、知解し、愛することをしないなら、神と共に存在するのではない」（12・15－16）。

(2) キリスト教的分有の意味

このように人間の本性に神の像を見いだすのであるが、この像と神との関係は、信仰によって神が精神の中に宿るようになることで分有という。もちろん精神はこの分有を失っているときでもなお神の像なのである。「精神は神の分有を失ったときでさえ、そのためにぼろぼろになり傷ついているが、**なお神の似像をとどめている**」とアウグスティヌスは言う。それゆえ彼は人間の精神の最高の能力の中に神の似姿を探求したのである。そこで精神をそれ自身において探求し、信仰という作用を通して再度神との関係を回復するのである。

というのも「精神は神を受け入れ、神に与りうる限りで神の似像である。もし神の似像でなかったならば、これほど大きな善ではありえない」からである。こうして精神が神に与る前に神の像を見いだし、その像において、つまり神の像と信仰において一体となる。そこには時間の秩序があって、第一に記憶・視像・愛という三一性が捉えられる。この認識によって死者の墓石にあるような外的な出来事や歴史の知識は記憶に蓄積される。そこにある種の三一性が生じる。すなわち、知られうる形姿と学ぶ人の意識、そしてこの二つを結ぶ第三のものとしての意志である。この「三一性が意識のなかに内的に生じる」。それは、これらが学ばれたとき記憶に刻印されている似像と、それを想起する人のまなざしによって形成された思考と、両者を結合する第三のものたる意志とからなっている。

信仰は、それが精神のなかに存在し始めるとき、すでに精神であったもののなかに存在し始めるので、外から来たもののように見える。信仰によって以前精神のなかになかったものが精神のなかに生じるとすると、それらは教えによって植えつけられるから、あたかも外から来たもののように思える。しかし、それらは決して外にあったのではなく、信じられたもののように外に実現したものでもなく、端的に精神そのもののなかで存在し始めたのである。信仰は人が〔意図的に〕信じるものではなく、〔ある力が作用して〕信じさせるものである。人が信じるものは〔ただ〕信じられるのであるが、信じさせるものは見届けられる（8・11）。

(3) 合一の神秘主義（unio mystica）　終わりにアウグスティヌスは精神における神との合一について次のように語っている。

最後に言うと、精神は神に完全に寄りすがるとき、神と一つの霊になる。使徒は次のように言ってこれを証言している。「主に結び付く者は主と一つの霊となる」（Ⅰコリント6・17）と。このことは、神の本性、真理、至福に与るに至った精神のもとで起こるのであって、神が神の本性、真理、至福において大きくなることによってではない。それゆえ精神が祝福されて神の本性に寄りすがるとき、自分のなかに見るすべてのものを不変のものとして見るであろう。そのとき、聖書が約束しているように、精神の願望は善きもので満たされるであろう（詩編103〔102〕・5）。その善きものは不変であり、精神がそれの似像である神たる三位一体である。そしてふたたび傷つけられることがないように、神の顔の隠れた所に置かれ（詩編31〔30〕・21）、ふたたび罪を犯すことを喜ばないほどに神の豊かさによって満たされる（詩編36〔35〕・9）。

第15巻——

これまでの考察を要約した後にアウグスティヌスはさらに深遠な問題に入る移行を告げる。魂の内部に見いだされた三一構造の痕跡はどれも三位一体の神ではなく、この神をどのように理解すべきかの問題に入る。彼は神の範疇の一二の属性を枚挙する。これはすべて永遠・知恵・至福に還元される（5・7―8）。これらはいずれも神ではなく、一つに包括される属性である知恵に還元される。それは神の本質が一つであり、三つの位格に等しい特性である（6・9）。三位一体の像は人間の魂に見いだされるように完全ではない。心的な類似像と人間の全体的存在とは完全に等しくない。人間は魂と身体から構成されている。精神・知識・愛の三一構造も、記憶・理解・意志の三一構造も、魂の最高の部分に属しているに過ぎない。身体はそれに関与していない。身体の低次の作用もそうである。それらは人間に属していても、人間そのものではない。神の本性における三位一体では事情が全く異なる。三つの位格は神の全体的な存在と絶対的に共存している。それゆえ人間が神の三位一体の理解に昇っていくことは困難である（7・11―12）。

心に見いだされる三一構造が三位一体の神の像として不十分であることを彼は分かっているので、三位一体の神の月並みな説明を提供しようとはしない。この作品は教義学の教科書ではなく、個人的な観想方法を試みたものにすぎないが、そのクライマックスは神の永遠で、非形態的にして恒常不変なものについての天的なビジョンにある。

それゆえ、わたしたちは今、神たる三位一体を永遠の、非物体的な、不変なるものの中に求めなければならない。永遠の至福の生はこのようなものの全き観想のなかに約束されているのである。実に、聖書の権威だけが神の存在を確証しているのではなく、わたしたちを囲み、わたしたちがその一部となっている存在するすべてのものの本性が、わたしたちにはすべてにまさる造り主がいると叫んでいる（4・6）。

それゆえわたしたちは精神によって、また理性の働きによって正しく判断を下し、「創造者は至高の生をもち、すべてのものを知覚しかつ知解し、死ぬことも朽ちることも変わることもなく、物体でなく霊であり、すべてにまさって力あり、この上なく正しく、美しく、善く、至福であると告白しなければならない」（同上）。こうして『三位一体論』に見られる神学はアウグスティヌスの個人的な思想であるばかりか、すべての中世思想の特徴である神秘主義でその頂点に達する。この点に関してグラープマン（Martin Grabmann, 1875 - 1949）は言う「魂の根底、魂の小さな火花についての中世神秘主義の教説はアウグスティヌス的である」（「信仰と知識に関するアウグスティヌスの教説」『アウレリウス・アウグスティヌス』ケルン、１９３０）と。さらにシュマウスは言う「このようにしてアウグスティヌスの三位一体の教説はその最後的な結論を三位一体の神秘主義に見いだす」（op. cit., 309）と。

続くこの巻での議論はこの基礎的な主張の確認である。それは次の5点から論じられた。

(1) 神の本質を理解したい思索者は神の本質を自分自身の魂よりも高めて、神性に向かって個人的に旅を続けなければならない。

(2) パウロが言う「鏡におぼろに映ったもの」(Iコリント13・12) とは「像」を通して知ることである。それは神をぼんやりと見ることを意味する(8・14)。このことと関連して聖書解釈における「転義」の意義がここで問題となる。

アウグスティヌスは「記号」を原義と転義に分けて考え、次のように言う。「ところで記号は原義的(propria)であるか、転義的(translata)であるが、ある記号が、きめられている通りの指示対象を示すとき、その記号は原義的とよばれる」(『キリスト教の教え』2・10・15)。たとえばボース(bos)は牛を指すことが、「牛に口籠《くつこ》を掛けてはならない」(申命記25・4)と福音書記者が言うとき、伝道者のことを語っている。このように「しるし」(signa)である記号が二種類に分けられ、①「原義的」(propria)と②「転義的」(translata)となる。次に事例として「牛」があげられ、それが「牛」とは別の指示対象「伝道者」を指すとき、「転義」となる。この転義のギリシア語(tropos)、ラテン語(tropus)は一般には「流儀や方式」の意味であるが、修辞学では「比喩、転義」を意味する。ところでアウグスティヌスは『三位一体論』で次のようにトロポスを説明する。

「このようなトロポス、すなわちアレゴリアには多くの種類がある。謎（aenigma）と言われるものはその一つである。……それでは寓喩とは何かというと、それはあることを別のことから理解するという転義（tropus）にほかならない」（XV・9・15）。この用法はクインティリアヌス（Marcus Fabius Quintilianus, ca. 35 - ca. 95/100）『修辞学教程』（1・5・71）に由来する。こうしてトロポスとは「謎」や「寓喩」と同じ事柄を意味することが知られる。このようにアウグスティヌスはすべての記号を「原義的」と「転義的」に二分し、「原義的」を「本来的」つまり「字義的」として規定した。また「転義的」は「神秘的」であるとも主張し、数字が隠された意味をもっている点を聖書・音楽・異教文学で説き明かす（『キリスト教の教え』II・16・25－27）。

(3) ここで再度、知恵と知識との区別を問題とする。知識はそれ自身だけでは神の像を明らかにしない。知恵がそれを行う（10・17）。

神のこの知識とわたしたちの知識とは大きく異なる。神の知識は知恵それ自体であり、その知恵は神の本質ないし神の実体そのものである。神の本性の不思議な単一性においては、賢くあることと存在することとは異ならず、賢くあることはそのまま存在することである（13・22）。

神の知恵と神の本質とは完全に同一であるが、この同一性は人間の魂には欠けている。

(4) 人間の思いは心の言葉や語り（locutiones）である。これらの精神的な言葉は身体的な言葉と混同されてはならない。心の言葉はすべての言語に先行し、すべての人に共通である。この内的な言葉はいくらか神の言葉と似ている。それは神の知恵であって、ヨハネ福音書にある御言葉と呼ばれる（10・19）。

(5) 精神的な言葉の真理は疑問の余地がない。アカデミア派の懐疑はこの真理性を疑うことはできない。わたしは生きていることを知っている。わたしは生きていることを知っているのを知っている。わたしは先行する二つの真理があることを知っており、これが第三の真理である。この種の多くの真理は精神の内部で完全な確実性をもって知られ得る。哲学者たちは感覚を通して知覚される事物に関して懐疑の影を投げつけることができても、彼らは精神自身によって知られる事柄の真理を疑うことはできない。このような真理は精神自身によって知られる（12・21）。終わりに当たって最後の節では神の三位一体に関する理性だけでの研究が不十分である点が強調される。

第4章　受肉の神学

アウグスティヌスは「**受肉**」（incarnatio）という言葉をかなり限定した意味で霊的な存在が身体と結合することに使っていた。例えば４１５年以後の二つの手紙ではこの言葉は人間の魂が肉を摂取するという人間学的な意味で使われた。そこでは受肉は「**魂の身体化**」を意味した（『書簡集』Ⅱ・166・3、7、7・19、金子晴勇訳、92、104頁参照）。ところが御言葉の受肉になると、キリストにおける心身の複合という人間学的な意味ではなく、マリアの受胎と誕生によって神の言葉が出現したという神学的な意味で使われるようになった。こうして「言《ことば》は肉となって、わたしたちの間に宿られた」（ヨハネ1・14）ということが「時間の中で処女から生まれた方の受肉としての誕生を表している」（『三位一体論』Ⅰ・6・9）。この御子の受肉は受難と復活と並んで神の救済史の段階を示す。この点に関して『キリストの恩恵と原罪』では次のように主張された。

神と人との間の仲保者、人となるキリスト・イエスに対する信仰なしには、わたしは言いたい、神がすべての人に確かに定めた者自身の受肉と死なしには、真実に信じられていない復活に対する信仰なしには、それゆえキリストの受肉・死・復活に対する信仰なしには、聖書が述べている義人においてであれ、聖書が全く触れていない義人においてであれ、昔の義人たちが、義となるために、罪から清められ、また神の恩恵によって義とされることは不可能であったということをキリスト教の真理は疑っていない（「キリストの恩恵と原罪」Ⅱ・24・28、『アウグスティヌス著作集29』金子晴勇訳、270頁）。

このような意味を込めてアウグスティヌスは『三位一体論』第4巻で受肉という言葉の十全な規定を次のように与えた。

受肉そのものはどのようにして成ったかと問われるならば、わたしは、神の言《ことば》ご自身が肉となった、つまり人間となったのだと主張する。しかも、御言はこの造られたものへ転換し、変化したのではなく、また神の言と人間の肉だけではなくて、人間の理性的な魂もそこにあり、この全体が神であるがゆえに神と呼ばれ、人間であるがゆえに人間と呼ばれるような仕方で肉と成った（『三位一体論』Ⅳ・21・31）。

だから受肉は神の言葉が人間の肉を摂取したばかりが、理性的な魂もそこにあるという。このように神がこの世に被造物を通して自らを啓示する一連の出来事の頂点に受肉の出来事があって、これが神の言葉の受肉であることが説かれた。それゆえ受肉において御子の派遣は自己を啓示する神の言葉によって起こり、「この神の知恵が時間の中で肉を摂った」（『三位一体論』Ⅱ・5・9）と言われる。受肉の意味はこのように深遠な内実を伴っていたため、ギリシア的な知的伝統を重んじた多くの人たちには理解されず、信仰によってキリストを神の言葉と信じる者によってのみ正しく受容された。

ところで『三位一体論』が著述された時期は異端との論争が激しくなっており、とくに受肉の神学が最大の問題になった時代である。そこで彼は先の引用文に続いて次のように語る。「まず論じ合い、あるいは拒否すべきは、聖書によらずに自分の理屈を述べる異端者〔アレイオス〕の議論である。彼らはその理屈でもって強引に、御父・御子・聖霊についての聖書の証言を、自分たちの欲するとおりに解釈しようと考える」（前掲書）と。こうしてこの著作は当時の異端思想と深く関わってくる。

（1）異端論駁と受肉思想

神がイエスという人間の全体のなかに啓示されたという「受肉」に関して言うなら、それは彼の最初期の著作からすでに語られていた。だが、二元論的な観念にもとづくギリシア哲学によっては理解できない思想が彼の中心に位置を占めてくるのは、『信仰と信条』という著作からである。そこには「聖霊によって処女の胎内に人間の全体を摂取したもうたほどまでに、大いなる神の謙虚がわたしたちに授けられている」（『信仰と信条』4・8）とあるように、受肉は神の謙虚な業として説かれた。また「人間の全体」というのは「身体・魂・霊」を指し、人間は身体をもっていても、ギリシア人が考えていたようには、魂が身体によって汚されることはない。だから彼は「神の言葉が人間の身体によって汚されることが決してあり得なかったことは明白である」（前掲書、4・10）と主張する。このように神の言葉と人間との関係が魂と身体との人間学的な関連から説明された。その際、神・魂・身体の関係は上下の支配関係にもとづいているが、そこには実体の混合はあり得ない。

ギリシア人の哲学的な二元論ではイデアに従って質料が、あたかも鉄が鋳型に注入されるように、形成されたと考える。イデアは観念であり、質料は混沌とした素材である。この素材に形が授けられる。そうすると天上界から観念が下ってきて物質に刻印されことになる。このように考えると、キリスト教が説く受肉は上から下へ向かって起こり、しかも心身の混合となってしまう。これでは心身を分ける二元論が通じなくなる。ところがキリスト教が説く受肉は混合ではなく、「**混合でない結合**」(unio inconfusa)なのである。このような神人の結合は、彼にとっては真実な心身と同じ結合であって、その結合の仕方は『書簡137』(3・11－12参照)と『三位一体論』(Ⅶ・6・11、XIII・19・24参照)の**ペルソナ概念**によって詳しく検討された。

アウグスティヌス自身もキケロ(Marcus Tullius Cicero, BC. 106 - BC. 43)によってギリシア思想を修得し、プロティノスによってプラトン主義の影響を受けたため、初期の思想ではギリシア観念論の影響を受けていた。しかし司教に就任してからは聖書の研究を通してキリスト教本来の姿に移行していった。

その際、権威信仰が重要な意味をもっていた。当時はアフリカでも「教会の外には救いはない」と説いたキプリアヌス(Thascius Caecilius Cyprianus, Kyprianós, ca. 200/210 - 258)の説は重要な意味をもっていた。この問題はアウグスティヌスでは権威信仰と受肉として問題にされたので、この点をまず解明してみよう。

(1) 権威信仰と受肉

古典期のギリシア哲学ではプラトンによって典型的に説かれているように、信仰（ピスティス）は思いなし（ドクサ）の一形式にすぎず、主観的確信を意味した。したがって信仰は理性的認識よりも低い段階であって、認識へ向かって転向もしくは発展すべきものとみなされていた。ところがキリスト教ではこの同じ信仰の概念が人格的信頼の意味にまで高められるようになった。このような変化は、認識する主観の側だけでなく、認識の対象の側から起こってきた。つまり認識対象としての真理（アレテイア）概念は真実在の開示を意味していたのであるが、これが新約聖書とくにヨハネ福音書によって受容された過程で、意味が変化し、「わたしが真理である」とあるように真理はイエスという歴史的人格と同一視されるようになった。こうして真理は元来は理性の認識対象であったものが、人々を導く**神的権威**として信仰を要請するようになった。これが**受肉信仰**である。

アウグスティヌスは最初はプロティノスの知性的救済論にしたがって主知主義的傾向を残していたが、その後この対立する二つの立場を統合しようとした。つまり知と信の二元論を新プラトン主義の神秘主義とカトリック教会の権威信仰とに分けてとらえる試みから、二つの結合へ向かうことによって克服しようとしている。このことは哲学と宗教とを統合しようと意図した『**真**

の宗教』（Devera religione）で最も明確に示されている。このような統合の試みは、トレルチ（Ernst Troeltsch, 1865 - 1923）も指摘しているように、精神的に成熟した古代末期の中心的問題であった神秘主義と一般大衆のための権威要求とを統合しようとするものであり、当時の世界が求めていたものに対する回答でもあった。さらに後期になると信仰によって知性の内実を制限するようになり、信仰の優位のもとに統合がなされた。

そこから主張されたのは、理性と信仰とが対象としている世界は本質において同一でありながら、その現われ方が相違しているということである。この点を最も明らかに語っているのは『魂の偉大』につづけて書かれた『カトリック教会の道徳』（De moribus ecclesiae Catholicae）であって、信仰の対象である権威が知恵の光を直視できない者に対する配慮によって造られた「権威の陰」（opacitas auctoritatis）として規定され、同一の知恵が人間の精神を光として照明し、また権威の「人間性の陰」（humanitatis opacitas）として知恵に至る道を備えている、と説かれた（De mor. eccl. Cath., 2, 3; 8, 11）。こうして真理の超時間的神秘的照明という現われ方と時間的受肉という秘儀的なものの権威（mysteriorum auctoritas）という現われ方との顕現の仕方の区別にもとづいて、理性と信仰との分離ではなく区別が語られるようになった。

⑵ 受肉思想の人間学的考察

同時代の哲学者ポルフィリオス（Porphyrios, ca. 234 - ca. 305）も主張しているように、ロゴスの受肉と復活の思想は哲学の立場からは理解しがたいものであった（『神の国』X・29）。アウグスティヌスはその若い日にアンブロシウス（Ambrosius, ca. 339/340 - 397）の影響のもとアリウス主義を退けて三位一体の教えを受容し、最初の作品以来、受肉は彼の思想のなかで受容されているとはいえ、ほかならぬこの受肉から未だ新しい思想が形成され始めているとはいえない。したがって「理解を欠いたままで肯定されている」とか、「新しい改宗者にとって受肉は崇高にして表現を絶する神秘であって、高慢な者には近づきがたく、神のあわれみの証しである」とも語られている。さらに『告白録』第7巻に彼自身と友人たちの受肉についての理解がいかに不完全であり、アポリナリオス派やフォティヌス派によって当時かなり影響を受けていた様子が描かれている（『告白録』VII・19・25）。しかし初期の著作でもすでに受肉思想は受容されはじめ、これが完成期に入ってから成熟するにいたったといえよう。

初期の思想を組織的にまとめた『**真の宗教**』（De vera religione, 389-91）では初めて受肉によって「人間の全体」（totus homo）が摂取されたことが明白に述べられている。

いかなる方法といえども、神の知恵自身が、すなわち父と同じ本質をもち、同じように永遠である独り子が、人間の全体を摂取することを決心したまい、「言葉が肉となり、わたしたちのうちに宿った」ときにもまして、人間にとって大いなる慈愛を示したもうたことはない。なぜなら、このようにして神は肉的な者たち、すなわち真理を精神によって見ることをしない不健全な者たち、肉体的感覚に任せている人たちに対して、人間の本性が被造物のなかでいかに優れた位置をもっているかを顕示したもうたからである（『真の宗教』16・30）。

人間の肉体を引き受けた神の子の受肉の意義が身体に優る精神の意義を説くためだったという見解は何とも奇妙な立論ではなかろうか。ここでは人間の心身の全体が摂取されたと述べられていても、受肉思想から人間の新しい理解はいまだあらわれていない。しかし二年後に著述された『信仰と信条』（De fide et symbolo, 393）には受肉思想の発展が見られる。ここに司祭として聖書に深い関心を寄せ、聖書研究に没頭した結果が現れており、受肉思想が深まってきている。その要点を述べておこう。

① まずキリストの受肉は神の謙虚を示している点が力説される。始祖アダムが高慢によって罪を犯したのであるから、救い主は神に帰還するための模範として謙虚を身をもって示した。「謙虚によらなければ、わたしたちは〔神の許に〕帰還することはできなかったから」（De fide et sym.,

3, 6）と説かれた。このことを可能にするために神の不変の知恵が人間の可変的性質を摂取した。それは「時間的な配済（配慮）」であり、しかも神の謙虚のなせるわざである。こうして「神の賜物、つまり聖霊によって処女の胎内に人間の全体（totus homo）を摂取したもうたほどにまで大いなる神の謙虚がわたしたちに授けられている」（『信仰と信条』4・8）。受肉を神の謙虚のわざと見るのはパウロのフィリピの信徒への手紙第2章にしたがう思想である。

②ところで人間の全体が受肉によって引き受けられたという主張は、ロゴスが身体だけを受容したとみなすアポリナリオスの異端に対決して強調され、人間の全体とは「**身体・魂・霊**」（**corpus, anima, spiritus**）であると説かれた（前掲訳）。人間は身体では動物に等しいが、「精神と呼ばれる理性的な霊によって家畜と区別されている」（前掲訳）。人間は身体をもっていても、魂がそれによって汚されることはない。その有様は太陽の光が汚物に注がれても自らが少しも汚れないのと同じである。まして「身体的でも可視的でもない神の言葉が魂と霊とともに人間的な身体を摂取した場合、女性の身体によって汚されることがあり得ようか。神の言葉の荘厳さは魂と霊が介在することのうちに、人間的身体のもろさから離れて、いっそう隠れた仕方で宿りたもうた。だから神の言葉が人間の身体によって汚されることは決してあり得なかったことは明白である。また人間の魂自体も身体によって汚されはしない。なぜなら、魂が身体を支配し生かしていると

きではなく、身体の死すべき財を貪欲に求めるとき、魂は身体により汚されるからである」（前掲訳書4・10）。その際、**神・魂・身体**の関係は上から下に及ぶ支配の関係であって、そこには実体の混合はない。つまり神人の結合は受肉と同じく、「混合でない結合」（unio unconfusa）である。

③ アウグスティヌスはこのように受肉を人間学的類比によって説明する。このような方法の完成期における代表的な例を『書簡137』と『三位一体論』のペルソナ概念の説明に求めることができる。

『書簡137』はヴォルシアヌス（Gaius Vibius Volu, ? - 253）に宛てて書かれたもので受肉における神性と人性との結合を人間学的心身の結合関係の類比によって解明しようとした。「ある人たちはキリストの一つのペルソナが生じるために、神はいかなる仕方で人間に結合したもうたかを説明するようせがんでいる。それはあたかも日々生じている事柄を、つまり人間の一つのペルソナが形成されるためには、いかなる仕方で魂が身体に結合されるのかを、彼ら自身あたかも説明できるかのごとくである」（『書簡137』3・11）。人々は受肉を日常的な人間学的心身の関係から説明するように求めており、この求めに対し彼は次のように答えている。

人々はあたかも遠くにいるかのように媒介的手段によって近づいていた神が、人間性を摂取して、ちょうど人間のなかで身体が魂に結びつくことで人間の全体が結合されているように、人間性と一つになりたもうたほど、人間の敬虔な心にいまや非常に近くいるということを知るにいたった。もっとも結合による変化――神はこれに傾くことなく、人間の身体と魂はともにそれを身に帯びいてるとわたしたちは考える――を除外してであるが（前掲訳書、137・3・12）。

このように身心の結合がペルソナの統一によって生じているように、神人の結合がキリストのペルソナのなかで生じている。ペルソナによって対立する二つの実体は交流して統合体を形成している。この統合は二つの液体の混合のように実体的融合ではなく、光と空気のように実体が変化しないで相互的に交流している（前掲訳書）。こうして神性と人性との属性の交流がペルソナにおいて統一を形づくっている。

④同じことを『三位一体論』ではペルソナ概念を使っていっそう理論的に述べている。

そして「言《ことば》は肉となって、わたしたちの間に宿られた」と読むとき、わたしは言葉を真の神の子と理解し、肉体を真の人の子と理解する。そして言葉と肉体の両者が神と人との一つのペルソナにおいて言い表わしがたい溢れる恩恵によって結合されているのを認める。……時間によって生起する事柄のなかで、人間がペルソナの統一によって神に結合していることは最高の恩恵であり、永遠的事物のなかでの最高の真理は正当にも神の言葉に帰せられる(『三位一体論』XIII・19・24)。

「言葉」と「肉体」との関係は、「神の子」と「人の子」との関係であり、神性と人性との関係である。受肉はこの関係がペルソナにおいて統合されることを言う。それが unitas personae（ペルソナの統一）において生じていると言われるとき、ペルソナにおいてこの「関係」が実現し、統一存在となっていることを示す。三位の神はこのペルソナによって関係を実現させている。「神にとって存在することとペルソナであることとは異ならない。むしろ全く同一である。もし存在することが自体的に（ad se）言われ、ペルソナが関係的に(relative）言われるなら、わたしたちは御父と御子と聖霊とを三つのペルソナと呼ぶ」（『三位一体論』VII・6・11』)。三位一体の神がそれ自身に向かって、つまり求心的に実体と呼ばれるなら、関係的に、つまり遠心的に相互の交わりへ向かうペルソナとも呼ばれる。ペルソナは神と人、魂と身体とが、そこにおいて関係に入り、交流する存在の仕方、つまり関係の統合体を指している。『エンキリディオン（信仰・希望・愛）』ではこのペルソナの統合について次のように語られている。

ここに神の恩恵が全く壮大にかつ明証的に推奨されている。いったい人であるキリストにおいて人性は、独特の方法で神の独り子のペルソナの統合のうちに受容されるに値する、どんな功績があったのか。……彼は神の独り子であった、神であるゆえに言葉である。この言葉が人性を摂取して肉となったのであるから、確かに神である。こうして、どんな人間でも一つのペルソナであって、明らかに理性的魂と肉体とであるように、キリストも一つのペルソナであって、言葉にして人間である（『エンキリディオン』11・36）。

このようにペルソナ概念において神性と人性が統合されていることが、人間学的魂と肉（身体）のペルソナによる統合から類比的に論じられた。つまり神人のペルソナにおける神的な統合が心身のペルソナにおける人間学的統合によって類比的に説明された。このことはアタナシオス信条の第37条と同一である。すなわち「なぜなら一人の人間が理性的魂と肉とであるように、一人のキリストも神にして人であるからである」とそこに告白されているとおりである。

⑤アウグスティヌスは受肉思想を人間学的に考察することによって人間の身体を高く評価するようになった。こうして身体を魂の牢獄のように低くとらえていた初期の身体論が完全に克服されるようになる。そのため身体は「忌むべき牢獄」から「**花嫁の地位**」にまで高められた。そしてもはや牢獄のイメージは身体に結びつかない。たとえば次のように語られている。神の言葉が肉を身にまとったのは、あたかも元老院議員が獄中の人を慰め励ますために牢獄の衣服を身につけて訪問するようなものである。人間性のゆえに外見の衣服は汚れていても彼はその中身によって元老院議員たるの尊厳を少しも損うことはない。このように神の言葉も「肉をいわば花嫁として自分に結びつけるために花婿の寝室から出て来て、純粋に処女なる教会と婚約したのである」(『説教』264・4)。肉は牢獄の衣服の象徴が示すように、依然として牢獄のイメージを伴っていながらも、実際は花嫁の地位をいまや獲得している。こうして『神の国』では肉は「妻」の地位を得ているものとして理解されている。「ここでは男が妻を支配するのは、魂が肉を支配するのと類似していると理解すべきである……確かにこの肉はまさにわたしたちのものとして癒されるべきであって、他人のものとして呪われるべきではない」(『神の国』XV・7・2)。実際、使徒パウロがエフェソの信徒に対する手紙5章28－29節で語っているように、だれも自分の肉を憎むことはなく、自分の妻を愛するものは自分を愛するのである。このようにして身体は正しい

意味で愛の対象にまで高められている。

（2）受肉の神学

三位一体論とキリスト論をめぐる異端邪説は、キリストにおける**神の言葉の受肉**を否定することから起こってきた。アウグスティヌスは『三位一体論』でこのような当時の異端思想を反駁し、**受肉の神学**を確立した。例えば「主イエス・キリストは神ではないとか、真の神ではないとか、あるいは御父と共に唯一の神ではないとか、変化するゆえに真に不死なる方ではないと語った人々は、この上なく明瞭で堅固な貴い証言の声によって退けられている」（『三位一体論』I・6・9）。これを反駁してヨハネ福音書の「言《ことば》は肉となって、わたしたちの中に宿った」（ヨハネ1・14）が繰り返し引用され、「これは、時間の中で処女から生まれた方の受肉〔として〕の誕生を表している。だがこの証言では、言は神であるだけでなく、御父と**同じ実体**であることも明らかにされている」（前掲書と同じ）と主張された。この受肉によって証言されているのは「すべてのものは言によって造られたが、その言が造られたものでないことは、ここからして全く明らかである。……それゆえ、御子は御父と同じ実体である」（前掲書と同じ）。

このように受肉によって、神性が失われたとするグノーシスの異端と対決して言われる。またこのようにして神性が失われたがゆえに「御子は御父よりも小さい」と言われる説に対してアウグスティヌスは対決する。彼らは、聖書のなかで主ご自身が、彼らは「御父はわたしよりも大きい」（ヨハネ14・28）と言われたことを根拠として、御子は御父よりも小さいと主張した。彼らは御子が受肉以前に永遠であった、いや、御子を永遠である実体に移そうと努める。だが、「御子は御父と等しいかたちを失って、しもべのかたちを取ったのではない。同じ御子自身が、しもべのかたちと神のかたちとによって父なる神の独り子であるがゆえに、また神のかたちによって御父と等しく、しもべのかたちによっては人間イエス・キリストとして神と人との仲保者であるがゆえ、しもべのかたちを取りながら神のかたちを失わないのであれば、誰が、御子は神のかたちによってはご自身よりも大きく、しもべのかたちによってはご自身よりも小さい、ということを知解しないであろうか。それゆえ、聖書が御子は御父と等しいと語り、しかも御父は御子よりも大きいと語るのは、理由のないことではない」（7・14）。

もちろんそれは人々には隠された事実であっても、このことはやがて十字架によって原罪からの救済が実現することでもって明らかとなる。したがって**神の言葉の神学**とはイエスによって神の言葉が受肉しているという「**受肉の神学**」を意味する。その際、フィリピの信徒への手紙2・6－10の「キリスト讃歌」に基づいて、受肉は神の子が神のかたちを捨てて「自分を無にして」僕《しもべ》のかたちをとった「**ケノーシス**」（謙卑《けんぴ》、神性放棄）として理解された。

アウグスティヌスはこのように神の受肉の行為を目の前に据えて人間の自己認識をわたしたちに迫って来る。古代教会はユスティノス以来の伝統によれば、プラトン主義の二世界説に立脚して、天上界にあった神の言葉であるロゴスが、地上界に下って人となった「受肉」によって、キリスト教の中心的使信を捉えて来た。ユダヤ教の黙示思想が「人の子」の預言となり、これがヨハネ福音書冒頭の「受肉した神の言葉」を生み、プラトン主義の世界観に助けられて、キリスト教思想の教義体系の中心に据えられていったのである。

ところがアウグスティヌスはこうした古代教会の歩みに従いながらも、受肉の前での自己認識が必要であることをここに説いた。実際、近代人は一般に自己認識から出発していって罪を自覚し、神の子が原罪から救済したことを受容することによって救いを体験する。これに反しパウロはダマスコ途上にてキリストを啓示され、キリスト認識が新たに開けることにより救いを体験した。ところでアウグスティヌスになるとパウロと同様に受肉を客観的に捉えているが、同時にその前で自己認識の必要が力説された。こうして救いを受容する主体の側の問題は、中世を通して次第に成熟し、近代に至っていると言えよう。

なお、『三位一体論』第13巻の終わりには御言葉の受肉からわたしたちが学ぶべきことが列挙されている。それは異教の哲学からは決して得られない。その特徴を次に列挙しておこう。

(1) 被造物におけるキリストの位置

人間は二つの実体から成るが、〔キリストの〕人間本性は神に結ばれているので、神と魂と肉体という三つの実体から成る一つのペルソナを考えることができる。したがって自己を神と人との仲介者とみなす高慢な悪霊ダイモーンは、肉体をもっていないことで自己をキリストに優ると信じさせることはできない。「その霊どもは不死と見えるかもしれないが、人々が彼らを神々のように拝むことがないように、神の子は肉において死ぬことを特別に選んだのである」。

(2) 神の恩恵が人間キリストのもとで明らかにされた

人間には先行する功績は全くない。「キリストご自身も、真の神と全く一つに結ばれて神と一つのペルソナとして神の子となるべく、どんな先行する功績をも持たず、人間となり始めたそのときから神であった」。これが「言は肉となった」（ヨハネ1・14）受肉の意味である。

(3) 神の謙虚による高慢の癒し

「人間の高慢は神に寄りすがることの最大の障壁であるが、神の大いなる謙虚によって抑制され、かつ、癒されることができる」。ここに人間が神から遠く切り離されていることを学び、「神性によって人々を助け、人間としての弱さのゆえに人々と協力するこの仲保者をとおして神に帰るならば、神に遠いことはむしろ有益な、治療薬として作用する」。だが不従順で滅んだ者に、従順の模範を与えるため、子なる神が十字架の死に至るまで、父なる神に服従することに優る善いものはない。偉大な仲保者の肉体に優って従順の報いが示される場所はない。

(4) 神の正義の啓示

悪魔が滅ぼしたと思っている理性的な被造物によって征服されること、また原罪の悪魔の手に堕ちた全人類の中から出た被造物によって征服されることは、創造者の正義と善に合致する（『ヨハネによる福音書講解説教』第25説教16）。

（3）キリスト論の問題

三位一体に関する論争は、キリストの完全な神性についての教義を確立することによって終息したが、今度はキリストの神性と人間性との関係をめぐつて新しい問題が起こってきた。アレイオスのように御子を神以下の被造物と考えれば、人間性との結合は容易であった。アタナシオスはこれに対決してキリストは神にして同時に人間であり、両者の結合から一人格をなすと説いたが、どのようにしてその結合が可能であるかは解き明かさなかった。キリストにおける神性と人性との二つの本性についての問題は主として東方教会で論争がなされ、アレクサンドリアの学派とシリアのアンテオケの学派が対立した。

アレクサンドリアの学派はキリストのペルソナの一体性を強調した。例えばラオデキアの主教アポリナリオスは、キリストの神性と人性の統一から考えてゆき、人間学的三区分、身体・魂・霊（ヌース）を用い、キリストにおいてロゴスと身体とが結合しているから、ロゴスがヌースのかわりに宿っている、と説いた。だが、これでは神性が完全に保たれても、人性は部分的となり、完全な人間性を備えていないことになり、人間を救済できなくなってしまう。アポリナリオス説はコンスタンティノポリスの公会議で異端の宣告を受けた。

それに対しアンテオケの学派はキリストにおける神性と人性とを厳格に区別したため、ペルソナの一体性が疑わしくなった。コンスタンティノポリスの総主教ネストリオスはキリストにおいて完全な神性と完全な人性とは意志的に完全な一致を保っていると見る。したがってキリストを道徳的服従の完成した模範とみなし、その神性に対する信仰を弱めた。またマリアに対する「神の母」の呼称を退けたので、アレクサンドリアの大主教キュリロスから批判され、両者の論争が激化し、東方教会が分裂するという危機にさらされた。

この論争は**カルケドンの公会議**（451年）で一時的ではあるが決着を見た。約600人の司教（および主教）が出席した古代教会最大のこの公会議も、東方教会からの代表で占められ、西方教会からの参加は少なかった。だが、教皇レオ一世の書簡という形で提示された条文が可決された。そこではキリストが「**一つのペルソナのなかに二つの性質**」（duae naturae in una persona）をもつものとして両極端を排除し、その結合の仕方について次のように述べている。

この唯一のキリスト、御子、主、独り子は、二つの性において混ざることなく、欠けることなく、分けられることもできず、離すこともできぬ御方《かた》として認められねばならない。合一によって両性の区別が取り除かれるのではなく、かえって各々の性の特質は救われ、一つの人格一つの本質にともに入り、二つの人格に分かたれ割かれることなく、唯一人の御子、独り子、言なる神、主イエス・キリストである（「カルケドン信条」『信条集 上』7頁）。

このようにニカイア・コンスタンティノポリス信条とカルケドン信条が公会議によって決定さ

れたことは、古代におけるキリスト教の教義の確立を意味するものであって、キリスト教思想史上の最も重要な出来事となった。この教義の確立によってカトリック教会は統一され、具体的に成立する。もちろん三位一体論とキリスト論がカトリックの教義のすべてではないにしても、それはすべての教説の根幹となった。

だが、キリスト論の問題はカルケドン公会議によっても決定的な解決にいたらず、さらに引き続き議論され、680年のコンスタンティノポリスの第6回公会議まで続いた。このような論争をとおして東方教会は「正統的教会」と今日までも呼ばれるようになった。一般的にいって東方教会は思索的・神秘主義的・芸術的ギリシア文化の伝統を生かしており、政治的・法律的・実践的である西方教会と文化的にも対立している（金子晴勇『キリスト教思想史入門』日本基督教団出版局、64—66頁参照）。

（4）『ヨハネ福音書講解説教』における受肉の神学と「属性の交流」

(1) 受肉の神学について

アウグスティヌスは神の受肉の事実を目の前に据えて、人間の自己認識をわたしたちに迫り、ヨハネ福音書6章38節「わたしが天から降って来たのは、自分の意志を行うためではなく、わたしをお遣わしになった方の御心を行うためである」の講解で彼は受肉と謙虚とを結びつけて次のように説教している。

神の子は人間の姿をとって来られ、謙虚となった。あなたは謙虚となるように教えられている。人間から家畜となるように教えられているのではない。彼は神であったのに人となった。人よ、あなたは人にすぎないことを認識せよ。あなたの謙虚の全体は、あなた自身を認識するよう志すことである。（『ヨハネによる福音書講解説教』第25説教16、金子晴勇訳）

アウグスティヌスに先立つキリスト教教父たちは、ユスティノス以来の伝統によれば、プラトン主義の二世界説に立脚して、天上界にあった神の言葉であるロゴスが地上界に下って人となったことを「**受肉**」によって捉えた。ユダヤ教の黙示思想が「**人の子**」の預言となり、これがヨハネ福音書冒頭の「**受肉した神の言葉**」を生み、プラトン主義の世界観に助けられて、古代におけるキリスト教思想の教義体系の中心に据えられた。ところがアウグスティヌスはこうした古代教会の歩みに従いながらも、受肉の前での自己認識の必要をここでも説くようになった。神の業を目前に据えて、つまり「神の前に」自己を点検しないと、いつの間にか身体から離れて観念論となる。このプラトン主義の影響によって異端思想が起こってくる。

それゆえ三位一体論とキリスト論をめぐる異端邪説は、キリストにおける神の言葉の受肉を否定することから起こった。これに対決しアウグスティヌスはヨハネ福音書の本文を講解しながら、イエスのもとで神の言葉が受肉している事実を追求して止まない。もちろんそれはポリフィリオスが公然と否定し、一般には人々に隠された事実であるとしても、やがて神の子の十字架の贖罪の業《わざ》によって明らかになった。先に記したように、フィリピの手紙2章6－10節のキリスト讃歌にもとづいて受肉は、神の子が神のかたちを捨てて「自分を無にして」僕《しもべ》のかたちをとったケノーシス（謙卑・神性放棄）として把握された。ヨハネによる福音書6章38節「わたしが天から降って来たのは、自分の意志を行なうためではなく、わたしをお遣わしになった方の御心を行なうためである」の講解で彼は先に引用した言葉を語り、受肉と謙虚とを結びつけている。

(2)「属性の交流」について

『三位一体論』の後に書かれた『ヨハネによる福音書講解説教』ではカルケドン信条の先駆けとなる「属性の交流」が説かれた。彼は端的に次のように主張する。「神にして人となるキリストは二つに人格ではなく、一つの人格である」（27・4）。続けて彼はこの点を詳しく説明していく。講解説教で展開する彼の神学思想の特質をいくつか挙げてみよう。

①聖書解釈の方法　アウグスティヌスは聖書の言葉に忠実に耳を傾け、その真意を聖書の全体から説き明かそうと努める。彼は言う「聞いて理解しなさい。わたしはあなたを遠くに行かせはしません。その言葉に即して理解しなさい。……ただ言葉そのものを繰り返し考察しなさい。そして理解しなさい。……今や主の言葉を繰り返し、繰り返して考察し、思い起こしなさい」（第42説教22）、また「忍耐強く探究しているわたしの言うことを聞いてほしい。わたしはあなたがたと共に問い求めている。わたしはあなたがたと共にわたしが問い求めているお方から見出したい」（第44説教5）と。したがって理解するといっても何よりもまず信仰から出発し、理解にまで、そして究極においては神の直視にまで至ることを彼はめざす。

さて、時折、比喩的解釈が行われ、聖書本文の「固有の性質」と並んで「比喩」が意味をもっていることが主張される。比喩的解釈は時に荒唐無稽になりかねないし、とくに数字の神秘的解釈は今日ではほとんど意味をもっていない（第24説教2、第25説教6、第39説教4参照）。しかし、ヨハネ福音書の本文の性格にもよるが、これ以外には比喩的解釈は行われていない。

②「属性の交流」　キリストの神性と人性とがいわゆる「属性の交流」によって一人格のな

かに認められることが繰り返し強調される。とくに第27説教の全体がこの問題を扱っている。こうした理解は**カルケドン信条**の先駆けであるが、同時にこのキリストの人性を通してその神性へと超越していく信仰の神秘的な性格を彼は追求し、終わりにはキリストと一つになるという**神秘主義**を展開した。彼は言う「神を心から信じるとはどういうことか。信じることによって神を愛し、信じることによって尊重し、信じることによって彼のうちに入り行き、その体に合体されることである」(第29説教6、なお第26説教4、第38説教4参照)と。

③ **心と良心の神学**　彼は絶えず聴衆の心に語りかける。彼は言う「わたしはあなたがたのもとへ、すなわちあなたがたの心へ入ることを求めながら、キリストを宣べ伝える」(第47説教2)と。この心に宣べ伝えられたキリストは人間に声をもって語りかける「**内なる教師**」となることによって、通常では理解できない道を切り開いてくれる(第3説教、第40説教5)。こうした「**心**」は人間存在の「内奥」であり、「大いなる至聖所、甘美な隠れ家である」(第25説教14)とも言われている。心はまた「**良心**」とも呼ばれ、「心の良心」は「**内的人間の腹**《はらわた》」であり、罪のゆえに苦しむが、生ける水に洗われて新生することによって救済を獲得し(第32説教6)、「**良心のなかに神を所有する**」(同17)にいたる。このように心や良心における神との語らいのうちに平安を探究するような「**心の神学**」こそアウグスティヌスの本領であるといえよう。

終わりに

実際、近代人は総じて自己認識から出発していって罪を自覚し、神の子の贖罪を受容することによって救いを体験した。これに対しパウロはダマスコ途上にてキリストを啓示され、そのキリスト認識が新たに拓けることによって救いを理解した。それに対しアウグスティヌスになると古代社会の人たちと同様に受肉を客観的に捉えているが、同時にその前での自己認識の必要を説くようになった。こうして救いを受容する主体の側の問題は中世を通して次第に成熟し、近代に至っていると言えよう。例えばルターはキリストの十字架の像を前にして、民衆に語りかける。

確かに**受肉の神学**はアウグスティヌスによってキリスト教古代の中心思想として確立された。この時代を風靡していたプラトン哲学は精神と身体の二元論に立っており、キリスト教の受肉に対して否定的な態度を採るばかりか、それを嘲笑さえしたのだった。異邦のゲルマン諸族によって受容されたアレイオス主義も唯一神論に立って受肉を否定していた。これに対決したアタナシオスは受肉を力説し、「人間が神になることができるように、神が人間となられたのである」と宣言した。つまり受肉によって人間が神に向かう「**神化**」**の道**が与えられたとまで力説された。この「**神化**」**思想**は14世紀のドイツ神秘主義に属する『ドイツ神学』（著者不詳『ドイツ神学叢書

10』、山内貞男訳、創文社）の著者によって受容され、「神は人となった。そして人が神となった」と主張された。

それに反してアウグスティヌスは、これと同じ思想を穏やかに次のように説いた。

「兄弟たち。こうして神は人の子となろうとなさり、人は神の子となろうと願った。キリストはわたしたちのために〔地に〕降られ、わたしたちはキリストのゆえに〔天に〕昇るのである」（『ヨハネ福音書講解説教』12・8）と。

第5章 「神の像」の理解

（1）「神の像」と「似姿」

アウグスティヌスにとって神の「像」(imago) による人間の創造という思想は、人間とその創造者たる神が「類似」(similis) している視点よりも遥かに重要であった。というのは「類似」は単なる写しであって、「似姿、類似像」(similitudo) という性質の一つに過ぎないからである。つまり創造における「像」形成は創造者と被造物の特別な関係をもたらす行為を意味し、存在論的な概念であるのに対し、「類似」のほうは像の関係に立つ類比が人間による究極的な完成に向かう程度と段階とを示す形態的な性質概念にすぎないと考えられた（この点に関して金子晴勇『ヨーロッパの人間像』57―61頁参照）。

このように「像」と「似姿」の二重構成から自己の課題を捉えることから、元来は旧約聖書の創世記ではほぼ同義語であった「像」と「似姿」を区別するようになった。このことは古代のキリスト教教父にとって重要であった。ギリシア語の旧約聖書では eikon と homoiosis との区別が次第に明らかとなり、オリゲネスが二つの創造に関する記事にこれを結びつけた。つまり創世記1・26には像と似姿の双方が記されているのに、1・27には像だけが挙げられている。このことが彼には、最初の創造では人間が像の尊厳をもっていたのに、似姿の完成は、神の教育的な意図によってか、あるいは人間が積極的に神を模倣することによってか歴史の終わりにその完成にいたることを意味する。したがって「似姿」は神への模倣によって回復されると考えられていた。この考えに後の思想家たちは従い、たとえばクレメンスにとって「似姿」は本性的な所与を超えたものを意味した。しかし、最初にこの区別を行ったのはエイレナイオスであった。彼によるとキリストのわざは、サタンの力によって人間が罪を犯したために失った神の像（エイコン）と相似（ホモイオシス）を回復するため、人間をサタンの支配から贖いだした。したがってオリゲネスのように「像」と「似姿」とを鋭く分けると、人間の本性が創造において何か欠けていると考えられ、身体を付与されて初めて可能となった禁欲行為によって、その似姿を回復すると説かれた。しかしカッパドキヤの神学者たちはこの区別を受け入れることを躊躇したのであった。そこで、この区別の背景にある理由をオリゲネスのように二つの創造に結びつけないで、像自身の中にダイナミズムが含まれているように考えた。したがって「像」は何らかの状態だけでなく、可能態をも示し、キリストによって人間が解放されるとその回復が始まり、人間の現状を開化して完全な成熟を実現すると説かれるようになった。それゆえ人間が「神の像」へと造られたのは、毀損した現状を回復して神に似るためなのである。こうして被造世界における人間の特別な地位は、この両者の関係によって解明されるようになった。それは倫理的な努力と精進によって原罪で毀損された「像」の状態を完全な「似姿」へと改造する行為によって実現することが求められるようになった。

それでは「神」と人との関係はこの「神の像」によってどのように追求されたのか。そこには何らかの「**類似**」や「**類比**」が説かれるようになった。「類比」という術語はアウグスティヌスとその同時代人にとって「漠然とした類似」を意味しないで、むしろ正確で数学的な意味をもっていた。ある箇所で彼は、神について語るためには類比はあまりに正確すぎるので、神人同型説的になってしまうことを警告した(『説教』52参照。この点についてH・チャドウィック『アウグスティヌス』金子晴勇訳、教文館、156―157頁参照)。

そこでこの類比は神と人の存在に妥当するのではなく、つまり三位一体という「一における三」の類比関係は神と人との間に成り立つことは困難であるとした。では類比はどのように成り立つのか。この関係は存在関係ではなく、認識の関係ではなかろうか。古代哲学ではエンペドクレス（Empedoclēs, BC. ca. 490 - BC. ca. 430）以来、「等しきものは等しきものによって認識される」との公理が一般に前提されていた。そこでアウグスティヌスは『三位一体論』の後半で人間における認識作用のなかに三にして一なる構造を探求するように試みたのである。ここでは彼が採用した方法を検討してみたい。

アウグスティヌスの『三位一体論』の目的は、聖なる三位一体の本性を明らかにするだけでなく、被造物に内在する神の「痕跡」（vestigia）を通して考察され、そこに見出される被造物における三一性（trinitas）のすべてを検証することにあった。これらの中でもとりわけ重要なのは、人間の認識能力における三一性であった。アウグスティヌスは、御父と御子と聖霊がそれぞれ神の精神（または記憶）、神の知性、神の意志（または愛）と対応していると考えた。したがって、人間が神の像を所有していることは、最も特殊な意味で人間の霊魂も神にかたどって創られた三一性であることを意味する。なぜなら、人間もこの三つの機能を同時的かつ不可分に所有しているからである。人間は三一的な霊魂の働きをもっているがゆえに、神や天使たちと同じく霊的な存在である。しかしながらアウグスティヌスが意志に属する感情や情熱にも、記憶や知性と全く同等の価値を付与したことは重要である。知性も意志も、それを用いる方向に応じて善にも悪にも染まっているものとみなされた。つまり、世界創造の源である神の方に向かえば善となり、それから逸れると不完全で悪しきものになる。

(1) 神の像としての精神の知性的認識

ギリシア教父と相違してアウグスティヌスは、人間が男女に区分されていることを堕罪の結果とみなさない(『神の国』XIV・21)。しかしフィロン(Philon Alexandrinus, BC. ca. 20/30年? - AD. ca. 40/45)の寓意的な聖書解釈にしたがって彼は蛇が感覚的な能力を示し、女が世界に向かう低次の理性を示し、男が神に向かう高次の理性を表していると考えた(『三位一体論』XII・13・20参照)。この高次の理性は神と直接関係する「内的な人間」であって、彼は理性と意志に人間の尊厳を求めた。だが、彼が最も重要な問題として取り上げたのは、人間の尊厳に属する意志が堕罪によって悲惨な状態に陥っている現実であって、そこからどうして脱出できるかということであった。つまり、人間は永遠の真理を思慕し、かつ、探求しながらも、時間的なものに巻き込まれ、低迷しているが、いかにしてこの状態を超越しうるかということである。彼はその解決を時間的な世界のうちにあって時間を超えうるところに求めた(ニーバー、Reinhold Niebuhr, 1892 - 1971 はアウグスティヌスに従って「神の像」を「人間の自己超越能力」〔capacity for selftranscendence〕と理解し、フォイエルバッハ

(Ludwig Andreas Feuerbach, 1804 - 1872) はその反対に「神は人間の像である」ことを批判する (The nature and destiny of man, 1949, vol., 1, p. 166.)。そのためにはまず信仰によって愛を清めなければならない。そうでないなら意志は理性を神の観照に向けることはできないからである。この清めは神の摂理の個人的および公的な配慮による諸段階を通して行なわれる。この点に関して多くの著作で言及されているが、『三位一体論』第14巻では罪によって毀損した神の像がいかに救済され新しくされるかが論じられ、信仰が力説された (このことと関連して『真の宗教』25・46－26・50、『魂の大きさ』33・70－79を参照)。

この清めの過程を魂が通過することによって罪によって毀損された「神の像」(imago Dei) は更新され、「神の似姿」(similitudo Dei) にまで完成する。そのとき神と自己との存在の「非類似性」(dissimilitudo) は「類似性」(similitudo) にまで回復され、わたしたちはあえぎ求めてきた神の永続的直視と浄福の生とに達する。

(2) 精神の認識作用と神の像

この神の像は精神の認識作用のうちに求められ、人間学の重要な思想がここから形成される。精神の認識作用の内に捉えられた神の像は、認識の三一的構造によって探求される。まず、神の像は被造世界に向けられ、三位一体の痕跡として神の像が求められた。また一般的には、**存在・知・愛**の三肢によって古代の懐疑論を克服する際に発見された類似像も考えられた（『神の国』XI,26)。しかし彼は『三位一体論』では精神という内的な人間のうちに神の像を求め、神に向かう精神作用の構造のなかに三肢を捉えようとした。なぜなら精神によってのみ神と直接関係することができることに人間の尊厳が求められたからである。したがって『三位一体論』の後半で追求されている論点は神論というよりも神との関係にある人間の精神論であるといえよう。この人間の神に対する関係は第8巻で論じられたように愛であり、人間における愛の現象の分析から「神との関係存在」としての「神の像」を発見すべくアウグスティヌスは探求を開始した。このようにして神と人との「類比」による探求がなされたのである。だがこれらの類比の適応性と意味の多様性とはあまりにも大きいので、わたしたちの精神はこれらの概念を神に移入することはできない。

愛は神と人間とを結びつける膠《にかわ》(gluten) である（『詩編講解』62・17)。そのような愛は神から心のうちに注がれた「神の愛」によって生じる「神に対する愛」なのである。愛は意志に属しており、何らかの対象を志向する運動である。この愛の対象を被造物から創造者なる神へと転換させること、可変的存在から永遠不変の存在へと超越させること、これが信仰のわざであって、それを実現するためには心が罪の縄目から解放され、かつ、清められなければならない。

（2）「神の像」の探求

『三位一体論』は全体として見ると信仰から理性へという基本姿勢にもとづいて書き進められ、前半はすでに説明したように聖書の証言とカトリック教会の教義に基づいて論じられ、後半は理性の認識作用から三位一体の神の認識を扱っている。そして前半と後半の橋渡しをなしている第8巻では愛の現象と分析から神の像が探求される。さらに愛が人間の魂のうちに「内的真理」(veritas interiora)として宿る諸理念(rationes)に向かう働きのなかに彼は三一像を探求する端緒を見いだした(『三位一体論』Ⅷ・1・1－7・10)。

そこで彼は愛の経験的現象を観察し、次のように愛の三肢構造(tria)を記述する。一般に言葉が何かを述べながら同時に自己自身をも述べているように、愛も何ものかを愛しながら同時に愛そのものを愛する。こうして愛は愛の根源である神につながっている(同Ⅷ・12)。ここから「愛する者」(amans)・「愛されるもの」(quod amatur)・「愛」(amor)の三肢がとらえられる(同Ⅹ・14)。愛の対象志向性は認識を対象の存在や記憶内の表象に依存させることなく、対象を志向し関心をもつ心の注意作用（intentio animi）とか意志を中心に立たせる（同XI・2－3）。このような愛の根源的志向性は認識のうちに精神が対象に向かう主体的関与を造りだし、他の諸々の行動をも基礎づける根源的作用である。

だが、愛の三肢構造は、愛する者と愛される対象との二つの実体から成立しているので、三にして一なる関係ではない。とはいえ愛する者と愛される対象とが実体的に一である場合は自愛（amor sui）の現象に求められた。だが、この自愛の現象では愛する者と愛との二肢構造であって三肢ではない（同XI・2・2）。ところが自愛という現象は自知（notitia sui）なしにはあり得ない。したがって愛が知を媒介にして自己を精神（mens）として確立するとき、**精神・自知・自愛**の三一構造がとらえられる。この精神の三一構造は三肢がそれぞれ独立でありながら相互に関係し合う三位一体の像である（同IX・3・3－5・9）。

ところがこの像は精神という一つの実体の内部においてのみ三肢が関係し合っているため、精神の基体である魂は可変的なものであるため、永遠的なものではない。そこでアウグスティヌスは「自己のうちに見る」（videre in se）ことと、魂のうちに宿っている「真理自体のうちに観ること」（videre in ipsa veritate）とが相違している点を指摘する。精神が不変の真理を認識するとき、精神自身よりもさらに内的である真理を認識しており、そのような認識を行なうものは知性

(intellectus)である。この知性を記憶(memoria)内の理念に向けるのは意志(voluntas)の働きである。ここから知性的認識における三一構造として記憶・知性・意志という像が把握された(同Ⅸ・6・9、同Ⅹ・11・17本書第3章を参照)。

こうした探求から捉えられた二つの像(**精神・自知・自愛**と**記憶・知性・意志**)の関係は思想の発展の中で把握されたと理解すべきであろう。なぜなら彼の叙述は発展的な仕方でなされており、単に人間が「何であるか」から、「何であるべきか」へと進展すると言われるから(同Ⅸ・6・9)。ここに彼の人間学的な自己理解の方向性が認められる。つまり知性的理念による第二の像は、理念によって誤りのない認識を行なうだけでなく、同時に精神を真理に向けさせ、その本来的存在へ導き、精神を秩序づける。こうして精神は自己自身との関係に立っているばかりか、絶えず永遠者との関係に立つことによって自己自身との関係にも正しい秩序を与える。

したがって第一の像は「**自己内関係**」に立ち、第二のそれは「**自己超越関係**」に立っている(この「自己内関係」と「自己超越関係」はキルケゴール(Sören Aabye Kierkegoard, 1813 - 1855)の『死にいたる病』における精神規定と同じ内容となっている。「死にいたる病」桝田啓三郎訳『世界の名著51』、474頁参照)。ところで精神がその認識の究極において神の観照にまでいたるとき、「神の全き観照が実現するとき、この像において神の似姿が完成する」(同XIV・17・23)とあるように、先に指摘した神の像は神の似姿にまで回復される。

精神の認識作用のうちに探求された神の像は、アウグスティヌスが用いた別の表現によって**存在・認識・愛**の三一構造として一般化できる。その中でも彼の独自な点は認識に愛を不可欠の本質として加えたことである。愛なしには精神は知性的理念にも、その統一者である神にも向くことができない。否、信仰によってこの愛が清められ秩序づけられていないならば、神の観照など考えられない。信仰による心の清めがなければ、理性は神の観照に向かうことができない。だから「アウグスティヌスが愛を観照における本質的要素として加えたことによって、まさに彼の観照（contemplatio）の概念を、本質的に純粋な悟性認識にとどまっているギリシア的テオリアから区別している」（シュマウス、前掲書、306頁以下）と言えよう。

本来、アウグスティヌスの哲学は知恵そのものである神に対する愛の考察の他には目的をもっていない（『神の国』Ⅷ・1）。この愛が認識を媒介にして展開するにしても、愛と意志が認識に対しいつも優位をもつと考えられた。また愛は愛の根源にまでさかのぼるため、自己の存在もしくは記憶（意識）に現存する理念を知性によって捉え、理念において世界と自己との存在の全体を認識し秩序づける。このような愛によって認識のみならず、存在の全体が秩序づけられた。

(3)「神の像」の更新

この「神の像」に関するアウグスティヌスの考察は、単に人間の認識能力を検討しているだけではなく、人間の精神の現実への反省をも疎かにしていない。『三位一体論』第14巻では主として罪によって毀損している神の像がいかに救済され、新しくされるかを論じ、信仰が力説された。罪による像の損傷によって具体的には理性が暗くなり、意志が無力となっていることに示されるが、その場合でも、まず愛の方向転換としての一回的回心と漸進的治癒による健康の回復とが求められる。この回復が日々進むその終極において「顔と顔とを合わせて見る」神の至福直観にいたると説く(XIV・17・23)。したがって神を対象とする認識にも信仰の認識と理性による認識との二種類が区別された。

さらに『三位一体論』第12巻では知識と知恵との区別がなされるが、知識といっても単なる事物の外面的知識ではなくて、「真の祝福に導くもっとも健全な信仰が生まれ、育てられ、守られ、強められるものだけが知識に属する」(XIV・1・3)と言われる。だから知識はそのうちに知恵を含む真理を表現しており、とくに神の言葉の受肉は歴史的啓示としての知識にほかならない。信仰の認識はイエスにおいて啓示された永遠の知恵を対象とするため、時間的なものであるかぎり知識であっても、永遠的な真理に確実に導くものである。こうして、人間であるイエスを通して神なるキリストへとわたしたちが導かれる、と彼は言う(XIII・19・24)。しかし、信仰の認識は時間上の過ぎ去る事物に関わっているかぎり、永続するものではなく、神の全き観照が成立するときまで続くにすぎない(XIV・2・4)。

永遠不変なのは知恵そのものであり、永続するのは神を観照する知恵の認識である。このように説きながらもアウグスティヌスは「最高の知恵は神であり、神の礼拝が人間の知恵である」と語っている(XIV・1・1)。彼は精神の三一的な像全体を神に向け、神の本質である知恵に関与することを神の礼拝(colere Deum)とみなした。サピエンティア(知恵)とはクルトゥス・デイ(神の礼拝)であると彼は繰り返し語る(同上、この点に関して『ヨハネ福音書講解説教』XXVIII・28、『エンキリディオン』1・2をも参照)。

そうすると神の認識は観照という高次の直観でのみ成立するのではなく、礼拝という行為のなかでも実現していることになる。そうするとシュマウスが言うように「記憶・知性・意志によって行なわれる礼拝は、一般に人間精神が神の像であるところの知恵の内実を制限している」(M. Schmaus,op.cit., S. 305)と言えよう。

ここにも認識する人間の現実の存在が反映しており、現世では神の観照が不可能であっても、それは礼拝によっても可能であるがゆえに、礼拝形式によって知恵の内実が制限される。したがって現世では神の完全な観照は希望のうちにあり、信仰による神の礼拝こそ「人間の知恵」であり、この礼拝において神と一つになることを彼は「一つの霊（unus Spiritus）となる」というパウロの言葉によって語っている。こうして「精神が究極的に神に寄りすがるとき、〈しかし主に寄りすがる人は神と一つの霊となる〉と使徒が証言しているように、一つの霊となるであろう。このことは神の存在・真理・至福の分有にまで精神が到達することによる」（『三位一体論』XIV・14・20、『告白録』VII・11・17参照）。この言葉は終末の完成時のことを述べているが、神への帰依は礼拝の基本行為であるから、現在においても信仰において実現できるが、それでも神と精神が一つの霊となるのは聖霊によって注がれる愛のわざによる（『三位一体論』XV・17・31）。「聖霊によって神の愛がわたしたちの心のうちにそそがれ、神の愛によって全三位一体がわたしたちのうちに住まいたもう」（XV・18・32）。こうして神と人間との関係は神の愛によって神と一つになるため「カリタス（愛）の神秘主義」とも、また三位一体とその像との間に成立するため「三位一体的神秘主義」とも表現できる（シュマウス、前掲書、309頁）。

（4）「神の像」の思想的特質

アウグスティヌスは『三位一体論』のなかで驚嘆に値する深淵的な思索を展開した。これによって彼はヨーロッパ精神史上最も偉大な思想家となった。そこで終わりに彼の思索の特質をあげておきたい。

(1) 内在と超越

まず、神の像の探求において、愛の現象を手がかりにしている点が重要である。愛の本性は、愛する対象に向かうと同時に、愛している自己に向かっており、さらに自己を超えて愛の根源である神に向かう。アウグスティヌスの説く「聖い愛」（caritas）は「神への愛」と「自己への愛」とを融合した統一体をなしているため、本質的には両者の間に矛盾や分裂は意識されていない（「アウグスティヌスのカリタスについて」金子晴勇『愛の思想史』45―53頁参照）。ここから二つの神の像の関連というきわめて困難にして重要な問題を説明することができる。すなわち、「精神・自知・自愛」の像は愛が求心的な動態にある場合で、自己内の関係に立っている。これに対し「記

憶・知性・意志」の像のほうは愛の遠心的な動態を示し、自己超越の関係に立っている。この二重の動態は次の「アウグスティヌス的命法」の二重性に由来する。すなわち、彼は「外に向かうな、あなた自身の内に帰れ」と言い、自己が有限であることを自覚するなら、自己に内在する真理に向かって「あなた自身を超越せよ」と命じる（『真の宗教』39、72）。こうして自己の内において自己を超越するという「内－上」の図式が明らかになる。この図式は、二つの神の像における自己内関係と自己超越関係の二重性として示された事態であって、内的な人間の存在構造を明らかにしている。

こうした事態に最も良く妥当し最も近づいている類比は『三位一体論』第15巻で、**思考することと・語ること・意志すること**の親密な統一性、および**知ることと愛すること**との親近性として考察された。

(2) 認識と愛

精神の認識作用のうちに探求された神の像は、別の形で一般化して、「**存在・認識・愛**」としても表現された。この三一構造の中でも、「**愛**」を認識にとって不可欠な要素として加えたことが最も注目すべきことである。愛なしには精神は真理にも神にも向かうことができない。また信仰によって愛が清められていないなら、知性を神の観照に向けることは不可能である。このように愛と信仰とを認識の本質的要素として加えたことは、純粋に観念的なギリシア的観照（theoria）の立場から彼が遠くかけ離れていることを示す。ここにもキリスト教的人間観が反映している。

(3) プラトン主義の残滓

このように認識に愛（カリタス）を加えたことは、アウグスティヌスにプラトン主義を克服する道を拓いた。キリスト教の創造思想にしたがって彼は肉体や質料を低く評価しないで、その完全な正当性を認め、神によって聖別された被造物全体のなかで固有の役割をもつと考えた。それは彼の創造思想に明らかである。神の像と似姿にかたどって人間が創造されたとき、精神と身体は「種子的理念」（rationes seminales）としてまず創造され、それに同時的に続いた創造によって塵である土と神の息によって人間が誕生したと説くようになった。こうして地上的存在である人間が創造者たる神に惹かれるのは、物体的なものにさえ形相の美と神の痕跡が発見できるからである。しかし、それを見出すためには、人間には恩恵による神の照明が必要である。このような「種子的理念」というストア的な概念はプロティノスを経由してアウグスティヌスに受容された。それゆえ修正されたとはいえ、彼の思想の中核には、紛れもなく新プラトン主義の要素が潜んでおり、それはウィクトリヌス（Gaius Marius Victorinus, ca. 281/291 - ca. 363/386）とアンブロシウスの影響や、彼が直接読んだポルフィリオスの著作から学んだものであった。だが、このプラトン主義には重大な修正が加えられて、ギリシア教父たちのキリスト教的プラトン主義とは異なった方向に発展したことも確かである。こうしてアウグスティヌスは、グノーシス派の二元論やペラギウス派の禁欲的道徳主義という両極端に陥る危険を避けて、キリスト教思想を新たに形成することができた。

第6章　『三位一体論』における信仰と理性

信仰から理性へという基本姿勢は『三位一体論』全体の枠組を造っている。すなわち前半は聖書の証言とカトリック教会の教義にしたがって信仰による三位一体の神について述べられ、後半はさらに内面的方法をとって理性の認識作用の構造分析から三位一体の神の認識を扱っている。したがって信仰から理性へと神論が展開していることは明瞭であるが、前半と後半の橋渡しをなしているのは、第8巻における愛の現象とその分析であって、人間存在の考察が重要な意義をもっている。もちろん世界や事象のなかに三一構造が三位一体の神の面影が認められるとしても、この現象と分析を手がかりとして神の像が理性の認識作用のうちに探求されている（この立場に立つ代表的研究はTheodor Gangauf, 1809 - 1875, Lehre von Gott dem Dreieinigen bei Augustin. であり、彼は神の三一性の痕跡〔vestigium〕を神の創造の秩序に従って、自然、外的人間、内的人間と段階的区分に従って比論を見ようとする。また特に人間精神の心理学的面を全自然から区別して見る立場としてM. Schmaus,

Die psychologische Trinitätslehre des hl. Augustinus があげられよう)。

アウグスティヌスは第8巻において、三位一体の神は実体が一であり、ペルソナが三として語られているが、この神の認識はいかにして可能であるかを神の本質を示す言表の認識を通して検討しながら、彼は人間の魂のうちに「内的真理」(veritas interior)として宿る理念に向かう愛の働きに、神の認識にいたる端緒を見いだした(『三位一体論』Ⅷ・1・1-7・10)。

(1) 愛の三肢構造

愛の経験的な現象を彼は最初分析し、愛の三肢構造(tria)を取り出す。一般に言葉が何かを述べながら同時に自己自身をも述べているように、愛も何ものかを愛しながら同時に愛そのものを愛している。こうして愛は愛の根源である神に繋がっている(同8・12)。そこから「愛する者」(amans)「愛されるもの」(quod amatur)「愛」(amor)の三肢が取り出された(同10・14)。愛の対象志向性は認識をして対象の存在や記憶内の表象に依存させることなく、対象を志向し関心をもつ心の注意作用(intentio animi)とか意志となっている(同Ⅺ・2・3)。このような愛の根源的志向性は認識の作用では精神が対象に向かう主体的な関わり方を造りだし、他の諸々の行動をも基礎づける根源的作用である。

だが、愛の三肢構造は愛する者と愛される対象との二つの実体から成立しているので、三にして一なる関係構造をもっていない。愛する者と愛される対象とが実体的に一である場合は自愛（amo sui）の現象である。ところが自愛の現象では愛する者と愛との二肢構造であって三肢をもっていない（同IX・2・2）。そうはいっても自愛という現象は、自知（notitia sui）なしにはあり得ない。したがって愛が知を媒介にして自己を精神（mens）として定立するとき、精神の自己規定に現われる三一構造、つまり「精神・自知・自愛」が捉えられる。この精神の三一構造は三肢がそれぞれ独立でありながら相互に関わり合う三位一体の神の類似像である（同IX・3・3－5・9）。ところがこの像は、精神という一つの実体の内部においてのみ三肢が関係し合っているため、精神の基体である魂の可変性のために永遠的なものではない。そこでアウグスティヌスは「自己のうちに見る」（videre in se）というのと、魂のうちに宿っている「真理自体のうちに見る」（videre in ipsa veritate）とは相違していることを指摘する。

(2) 知性（intelligentia）

精神が不変の真理を認識するとき、精神自身よりもさらに内的である真理を認識しているがゆえに、そのような認識を行なうものは知性（intelligentia）である。なぜなら「インテリゲンティアとは魂が真理を観照しているかぎりでの魂である」（シュマウス、前掲書、305頁）と考えられるから。そして知性を記憶（memoria）内部の理念に向けるのは意志（voluntas）の働きである。ここから知性的認識における三一構造として「**記憶・知性・意志**」という類似像が把握される（『三位一体論』Ⅸ・6・9、Ⅹ・11・17）。

(3) 愛の根源なる神に向かう超越と二つの三肢構造の関係

それゆえ、これら三位一体の類似像を発見する手引きとなっているのが愛の現象であり、この愛が知性を媒介にしてその存在構造が解明されたことがここに明らかになった。しかも愛の本性は対象に向かいながら同時に自己に向かっている。さらに自己をこえて愛の根源なる神に向かう超越の作用が愛のうちに認められる。アウグスティヌスの説く**聖い愛カリタス**は神への愛と自己への愛とを一つに融合させた**統合体**となっている。なぜなら「わたしたちが神を愛すれば愛するほど、わたしたち自身を愛している」（Ⅷ・8・12）からである。愛は知性的対象として理念に向かいながら同時に自己を愛する。この二つの運動は矛盾しないで同時に併発する。すなわち愛は自体的に何かに向かう志向性でありながら、愛の根源である神とその創造思想たる理念に向かう。この**愛の二重性**が知性を媒介し、自覚的に愛の生命を意志として明らかにされるとき、先に述べた二つの類似像、つまり「精神・自知・自愛」と「記憶・知性・意志」が把握されてくる。この二つの類似像の関係についてトマス以来多くの解釈がなされている(J. Burnaby, Augustine, Later Works, p. 27f. に簡潔な紹介がある。および高橋亘「三位一体論に於けるImago Dei」〔『アウクスチヌスと第十三世紀の思想』創文社、所掲論文〕を参照)。しかし、アウグスティヌス自身この関係を重要視して、とくに考察を加えているわけではない。したがって両者は決して互いに矛盾しないで、思想の発展の中で記述されているものであるが、二つの関係が発展的動的に立てられており、単に人間の存在が何であるかから、何であるべきかへと進展すると彼は言う(『三位一体論』IX・6・9)。

ここにわたしたちは彼の人間学的自己理解が起こっていると言うことができる。つまり知性的理念による第2の類似像は、理念によって誤りのない認識を行なうのみならず、同時に精神を真理に向けて本来的存在へ導き、精神を秩序づけることになる。こうして秩序づけられることによって精神は自己自身との関係に「即自的」に、つまりそれ自体的に立つのみならず、永遠者との関係に立つことによって、「対自的」に、つまりに自覚的に自己自身との関係の秩序を確立する。したがって第1の類似像は「自己・内・関係」に立ち、第2のそれは「自己・超越・関係」に立つ。あるいは水平な関係と超越的な関係とをもっており(これはキルケゴールの「自己」の規定に見られる構造と等しい。『死に至る病』の自己規定を参照)、このような自己と永遠者との関係は、信仰にもとづく愛の生命の中で統合される。

ところで精神はその認識の歩みのなか究極目的に達するとき、つまり神の直視にまでいたるとき、神の像は神の似姿となる。したがって「神の全き観照が実現するであろうそのとき、この像において神の似姿が完成するであろう」（XIV・17・23）と言われる。

(4) 存在・認識・愛の三一構造

精神の認識作用のうちに探求された神の像は別の形で表現すれば存在・認識・愛の三一構造として一般化できるであろう。その中でも最も顕著な点は認識に愛を不可欠の本質として加えたことである。愛なしには精神は知性的理念にも、その統一者なる神へも向くことはできない。否、信仰によってこの愛が清められ、秩序づけられていないならば、神の直視など思いもよらぬことである。なぜなら信仰によって心が清められなければ、理性は神の観照に向かい得ないからである。「アウグスティヌスが愛を観照における本質的要素として加えたことによって、まさに彼の観照（cotemplatio）の概念を、本質的に純粋な悟性認識にとどまっているギリシア的テオリアから区別している」（シュマウス、前掲書、306頁以下）といえよう。

元来、アウグスティヌスの哲学は、知恵そのものである神に対する愛の他に目的をもっていない（『神の国』・Ⅷ・1）。この愛が認識を媒介にして、知恵の対する愛、つまり哲学的思索を展開するが、その際、愛と意志がいつも認識に対し優位をもつと考えられた。また愛は愛の根源にまで遡るため、自己の存在もしくは記憶（意識）に現在する理念を知性によって捉え、理念によって世界と自己との存在の全体を認識し秩序づける。このような愛をもって存在の全体を秩序づけることにより**愛の存在論**が成立している。

(5) 理性と信仰との関係の最終的結論

わたしたちはこれまで理性と信仰の問題を『三位一体論』の後半に展開している「神の像」にもとづいて考察したのであるが、この像を形成している要素のなかでも理性と意志の現実の姿をもアウグスティヌスは問うている。たとえば第14巻は罪によって毀損している神の像がいかに救済され、新しくされるかを主として論じ、ふたたび信仰の優位が力説されるにいたる。アウグスティヌスが神の像を原罪により全く喪失したとするのか、単に変形されたに過ぎないとするのかという問題は不明瞭である。この問題については、シュマウス、前掲書、291頁以下を参照。わたしは『神の国』第14巻の**原罪論**では神の像は道徳的類似を喪失しているが、本質的類似は失っていないという解釈が正しく、『三位一体論』では本質的もしくは本性的類似性を探求している（岩下壮一『神の国』114頁)。

罪による像の損傷は具体的には理性が暗くなり、意志が無力となっていることに示されるが、その場合でも、まず愛の方向転換としての一回的回心と漸進的治癒による健康の回復とが求められ、愛が中心になっている。この回復が日々進むその終極において「顔と顔とを合わせて見る」神の至福直観にいたると説かれた(『三位一体論』XIV・17・23)。したがって神を対象とする認識にも信仰の認識と理性による認識との二種類が区別される。この二つの認識の関係によってアウグスティヌスの理性と信仰との関係の最終的結論に達する。

(6) 人間であるイエスを通して神なるキリストへ

すでに述べたようにアウグスティヌスは精神の認識作用の下位と上位の働きに応じて知識と知恵とを区別した。この区別はカント的には**悟性**と**理性**の区別に当たる。しかし精神は知識から知恵に導かれるのであるから、**理性**と**知性**の区別といってもよいであろう。したがって知識というのは単なる事物の外面的知識ではなくて、「真の祝福に導くもっとも健全な信仰が生まれ育てられ守られ強められるものだけが知識に属する」(同XIV・1・3)と言われている。したがって知識はそのうちに知恵をもつものとして真理を表現しており、とくに神の言葉の受肉は時間のうちへの真理の顕現であって、歴史的啓示としての知識にほかならない。信仰の認識はイエスにおいて啓示された永遠の知恵を対象とするため、時間的なものであるかぎり知識であっても、永遠的な真理に確実に導くものである。それは永遠への必然的導きの星である。こうして、人間であるイエスを通して神なるキリストへとわたしたちが導かれる、と彼は言う（XIII・19・24）。

終わりに

ところで**信仰の認識**は時間上の過ぎ去る事物に関わっているかぎり、永続するものではなく、神の全き観照が成立するときまで続くにすぎない（XIV・2・4）。永遠不変なのは知恵そのものであり、永続するのは神を観照する知恵の認識である。このように説きながらもアウグスティヌスは「最高の知恵は神であり、神の礼拝が人間の知恵である」と言う（XIV・1・1）。彼は精神の三一的類似像全体を神に向け、神の本質である知恵に関与することを**神の礼拝**（colere Deum）とみなした。サピエンティアとはクルトゥス・デイであると彼は繰り返し語った（『三位一体論』XIV・1・1、『ヨハネによる福音書講解説教』邦訳XXVIII・28、『エンキリディオン』1・2）。そうすると**神の認識**は観照という高次の直観でのみ成立するのではなく、礼拝という行為の中でも実現していることになる。このような**観照の至福直観**が終末において実現すると考えられたため、そこにいたる信仰の歩みのなかで礼拝という形での神への関与が現実に生じていると説かれるようになった。したがって「記憶・知性・意志によって行なわれる礼拝は、一般に人間精神が神の像であるところの知恵の内実を制限している」と言えよう（シュマウス、前掲書、305頁）。ここにも認識する人間の現実認識が反映しており、礼拝という形式で知恵の内実が制限されたのも、現世での神の観照の不可能なことから生じている。現世では理性による神の観照はただ希望のもとにあり、信仰による神の礼拝こそ「人間の知恵」として強調されている。

付論1　理性と信仰との区別の問題

理性と信仰という主題はアウグスティヌスの最初期の著作『アカデミア派批判』以来生涯をとおして探求され、彼の哲学的方法論として展開された。この主題はプラトン哲学を経てキリスト教信仰に到達した彼の基礎経験から直接生じてきている。それはユスティノス以来のキリスト教父哲学の伝統に深くつながる問題でもあった。古典期のギリシア哲学ではプラトンによって典型的に説かれているように、信仰（ピスティス）は思い做《な》し（ドクサ）の一形式にすぎず、主観的確信を意味した。したがって信仰は理性的認識よりも低い段階であって、認識へ向かって転向もしくは発展すべきものとみなされた。ところがキリスト教ではこの同じ信仰の概念が人格的信頼の意味にまで高められるに至った。このような変化は、認識する主観の側だけでなく、認識の対象の側にも起こった。つまり、認識対象としての真理（アレテイア）概念は**真実在**を開示することを元来意味していたのであるが、これが新約聖書とくにヨハネ福音書によって受容された過程で、意味が変化し、真理はイエスという歴史的人格と同一視され、これによって人々が導かれる「**道**」として説かれるようになった。こうして元来は理性の認識対象であったものが、人々を導く神的権威として信仰を要請するようになった。

ところがこの重要な内容が『三位一体論』の冒頭には僅かに示唆されているだあけで、当時問題となっていた異端思想が最初から問題提起の形で論述が始まっている（この点に関しては本書「**第2章『三位一体論』第1部の構成**」の叙述を参考されたい）。

この信仰と理性の問題はキリスト教古代からキリスト教思想の中心的な主題として考察されたが、それを要約すると、そこには二つの対立する見方がある。

①第1の立場は信仰を理性的認識にいたる低次の段階とみなし、信仰を知識に還元する**主知主義**であり、②もう一つは逆に知識を信仰のうちに編入する**信仰主義**（fiderism）である。アウグスティヌスは最初はプロティノスの知性的救済論にしたがって主知主義的傾向に傾いていたが、

その後この対立する二つの立場を統合しようとした。つまり知識と信仰の二元論を新プラトン主義の神秘主義とカトリック教会の権威信仰とに分けてとらえる試みから、二つを総合することへと向かった。

このことは哲学と宗教とを統合的に把捉しようと意図している『真の宗教』(De vera religione)のなかで最も明確に示された。このような統合の試みは、トレルチも指摘しているように、精神的に成熟した古代末期の中心的問題であった神秘主義と一般大衆のための権威要求とを統合しようとするものであり、当時の世界の要求に対する回答でもあった(E. Troeltsch, Augustin, die christliche Antike und das Mittelalter, S. 33)。さらに後期の思想では彼は信仰によって知性の内実を制限するようになり、信仰の優位のもとに統合がなされた。

ところでわたしたちは、理性と信仰との関係を近代人の主観性にもとづいて認識作用の観点からのみ考察してはならない。古代人の精神では理性はその対象として永遠の理念(イデア)と深く関わっていたが、キリスト教信仰はその考察の対象を神の言葉の受肉に置くようになった。このように密接に関わっている認識と対象の関連を無視して、理性と信仰の関係を論じると、近代的主観性の誤謬に陥る危険があると言えよう。さらに永遠の理念、つまりイデアと神の言葉とはキリスト教の創造説によって究極的には同一なものとみなされるようになった。すなわち、イデアは神が世界を創造した際の創造思想内容として神の知恵の中に吸収されたのである（J. Hessen, Augustins Metaphysik der Erkenntnis, S. 53; H. Heimsöeth, Die sechs grossen Themen der abentländischen Metaphysik, S. 103. 参照）。だからギリシア的な知性界は世界創造の「永遠の理念」(rationes aeternae) に置き換えられた。

自著を総点検した『再考録』のなかでアウグスティヌスは「しかし、もし創造的理性（ratio faciendi）があったとするならば —— 実際あったのですが —— プラトンはこれを知性的世界 (mundus intelligibilis) と呼んだように思われます」(Retractationes, I, 3, 2.)。したがって創造思想は元来は神によって新たに創造されたという信仰の表現であったが、ここではプラトン以来のギリシア的存在論と結合し、世界解明の一般的な原理となった。その根本思想は、神が自己の本質である愛から自己の思想としてのイデアにしたがって世界を創造し、かつ、保持しているという主張となった。

こうしてプラトン的な知性界がキリスト教化され、他方では創造信仰が形而上学的世界解明の原理にまで理念化されたのである。したがってプラトンに見られるイデアによる概念的認識の性格が弱まり、イデアは啓示的性格の下に「光」という表象で語られる。この啓示的性格から神人キリストも神的理念に満たされた存在として知性界と内容的には同一視されるようになった。それゆえアウグスティヌスの思想のなかでは理性の認識作用をイデアに、信仰の対象を神人キリストにと、理性と信仰とがあたかも自然と超自然的恩恵とに分かれているように、分離していると考えるべきではない。なぜなら世界を自然と超自然的恩恵とに分けて考えることは中世社会に入ってから国家と教会との二重構造にもとづいて必然的に起こったのであって、キリスト教古代には未だ知られていなかったからである（E. Troeltsch, op. cit., S. 166f.）。

このことから帰結することは、**理性**と**信仰**とが対象としている世界は本質的には同一でありながら、その現われ方が相違するということである。このことを最も明らかに語っているのは『魂の偉大』に続いて書かれた『カトリック教会の道徳』（De moribus ecclesiae Catholicae）であって、信仰の対象である権威が知恵の光を直視できない者に対する配慮によって造られた「権威の陰」（opacitas auctoritatis）と規定され、同一の知恵が人間の精神を光として照明し、また権威の「人間性の陰」（humanitatis opacitas）として知恵にいたる道を備えている、と説かれた（De mor. eccl. Cath., 2, 3; 8, 11）。こうして真理の超時間的神秘的照明という現われ方と時間的受肉という秘儀的なものの権威（mysteriorum auctoritas）という現われ方との顕現の様態が区別され、それにもとづいて理性と信仰との分離ではなく、区別が語られるようになった。

わたしたちはアウグスティヌスの思想のなかで**理性**と**信仰**とを問題にする際に留意すべきこ

とを簡単に述べた。先にも指摘したようにこの問題をもっとも明確に説いている『真の宗教』をまず考察しながら初期の思想で説かれた基本的主張を把握し、それが後期の主著『三位一体論』にどのように展開しているかを解明してみたい。その際、理性を単なる分析的悟性（ratio）に限って理解するのではなく、理性よりも上位の認識機能である知性（intellectus）の作用をも考慮しながら、信仰との関係を問うてゆかねばならない。そして理性と信仰が相互に関わりながら動的に発展する方法の基礎にどのような人間学的自覚が作用しているのかを明らかにしたい。

付論2　『真の宗教』における信仰と理性

理性と信仰の問題は初期の哲学ではさまざまな動機で提起された。最初期の著作『アカデミア派批判』第3巻ではプラトン派の哲学は聖書が非難する「この世の哲学」ではなく知性界の哲学であるが、そこに至るためには「身体によってひどく汚れている魂」が清められねばならない（Contra Academicos., III, 19, 42）と説かれた。この清めには神の権威からの援助が必要であって、そのために神の言葉が人間の身体をとる**受肉**がなければならない、と説かれた。そこから権威信仰と理性の問題が提示され、「わたしたちは知恵を学ぶのに二つの強い力、すなわち権威と理性の力によって動かされているのをだれも疑わない」(ibid., III, 20, 43) と説かれた。ここでは魂に対し身体が重荷であり、身体によって魂が汚されるというプラトン主義的な発想に導かれ、神がその憐れみによって身体にまで下り、人間をそこから知性界に導く、と説かれた。この観点から理性と信仰の問題が**マニ教**の誤った合理主義に対する批判という形で『真の宗教』では提起された。

マニ教徒たちは「二つの本性もしくは実体が各々の原理にもとづいて互いに反抗し合っている」(De vera relig., 9, 16) と説き、世界は善の実体と悪の実体とから成る二元論によって合理的に解明され得ると説いた。この形而上学的二元論は次のような人間学的二元論を帰結する。すなわち彼らは「一つの身体の内部に二つの魂が存在すると考え、一つは神から出たものであり、……他は暗黒の種族から出たものである」(同上) とみなし、それによって悪の起源を説明しようとした。

これに対決してアウグスティヌスは、マニ教徒によって神話的に物語られている「悪の起源」(unde est malum) の探求から、「悪とは何か」(quid est malum) という悪の本質を存在論的な探求するようになった。というのも、悪自体、つまり形而上学的悪は善なしには存在しない、悪は善(存在) の欠如 (privatio boni) であるという新プラトン主義の学説にしたがって、マニ教の教えが学問的に支持しがたいことを論証することができたからである。しかし、このようにして積極的に受容した新プラトン主義は彼の理性論に決定的影響を残すことになった。

だがプラトン主義の傾向のみならず、『真の宗教』ではキリスト教的要素も説かれた。こうして知性界は神の創造の理念から考えられたので、知性界の高みから見ると神は**存在の根源・知性の光・秩序づける恩恵**として三位一体的な様相をもって説かれるようになった（ibid., 55, 113）。こうして彼は健全な信仰の立場が理性に優位すると説いた。その際、理性かそれとも信仰かの優位性の問題が起こってきたが、そこには人間存在の時間性とそれにもとづく悪の可能性という人間学的自覚が伴われていた。

そこでこの優位性をもっとも簡潔に示している文章を『真の宗教』から引用し、その特徴を指摘してみたい。

> 神の摂理と言い表わしがたい慈愛によってもたらされる魂の医薬そのものも、段階と区分によって（gradatim distinctеque）たいへん美しいのである。すなわち権威（auctoritas）と理性（ratio）とに配分される。権威は信仰（fides）を要請し、人間を理性へと準備する（praeparare）。理性は人間を知性と認識（intellectus et cognitio）へと導くのである（24・45）。

このテクストに述べられている注目すべき視点をいくつか挙げてみたい。

(1) まず「**段階と区分によって**」という表現が多く用いられる。段階というのは「時間的なものから永遠的なものにまで昇る信仰の段階（gradus fidei）」を意味し、「理性の認識にいたるまでの発展段階である」（『説教』126・1）とか「信仰は敬虔の段階である」（『ヨハネ福音書講解説教』XXIX・6）とも語られた。次に区分というのは時間的なものから永遠的なものにいたる超越段階の区別（distinctio）であることが説かれる。初期の著作『秩序論』では「理性の道」（via rationis）と「権威の道」（via auctoritatis）とが二つの道として区別され、前者は哲学的思索による方法であり、きわめて少数の者しか理解できず、自由としないため、後者の秘義的な権威の道をとることが勧められ、ここに「段階と区分において」という仕方で理性と信仰との区別と信仰から理性への発展段階とがきわめて簡潔に説かれた。

(2) 次に「**権威は信仰を要請する**」という言葉の意味は何であろうか。それは権威（auctoritas）の外的力の行使による強制とは相違しており、内的自発性をもって同意を起こさせる創始者（auctor）としての感化力を意味し、「創始性」・「説得力」・「信用」を意味し、後に法廷における「決定」や「命令」をも意味するようになった。この言葉はアウグスティヌスの下では信仰の客観的根拠としてよりも、「神認識の教育的方法」の意味で用いられ、『真の宗教』では「説得力」

の意味で用いられた（W. Kamlah, Christentum und Geschichtlichkeit, S. 213. は権威を説得力とみなす）。なお権威（auctoritas）という言葉には、レーヴィット（Karl Löwith, 1897 - 1973）が指摘するごとく、決定的法廷（massgebende Instanz）という意味と、確証の由来をなす創始者（Urheberschaft）という意味の二義がある。権威（auctoritas）とは語源的に auctor たることを言い、権威を説得力とする考えに従えば、権威は信仰を説得し、要請しながら信仰を創始させる。このような権威に導かれて初めて信仰は生起する（K. Löwith, Wissen , Glauben, und Skepsis, S.23.）。

　こうしてキリストはプラトンの説いた真理を人々に説得し、そこにいたる道を備えた、愛と威厳にみちた存在として考えられた（『真の宗教』1・3－5）。権威は信仰を説得し、要請して、信仰を創始せしめるものであり、かつ、人間のように誤ることのない、決定的確証をもって示す場合、そこに神的説得力が働いているため、神的権威が認められる。したがって信仰が「同意をもって思惟する」（cum assentione cogitare）とか、「同意なしには信仰もない」（『エンキリディオン』7・20）と言われる場合、同意は神の言葉に聴き従う、謙虚なる思惟の態度であって、権威に服するとはいえ、単なる受動的なものではない。それゆえ、信仰とは神の権威による説得にしたがって、その勧めに〈同意して思惟する、謙虚な理性〉にほかならないといえよう。この信仰の対象は神の言葉の受肉である。実際、受肉のもとで彼は肉を採った神性の謙虚を考えていた。こういう受肉の真理に教育され養われた理性は、その本来の姿にまで更新される(『告白録』Ⅶ・18・24)。この理性本来の姿への帰還を説得するものが権威であって、このような帰還のために信仰が必要なのを説いているのも権威なのである。だから「理性は誰を信ずべきかを考えているとき、権威をまったく捨てているのではない」と言われている(『真の宗教』24・45、『自由意志論』Ⅲ10・30)。

(3)「**権威は人間を理性へと準備する**」はどのよう意味をもっているのか。また権威信仰は理性認識にいたる準備段階であるという意味は何であろうか。だがこの主張はプラトンに従って信仰は認識よりも劣る低次の段階にすぎないと考えられてはいない。そのように考えるのは、グノーシス主義である。確かに信仰は準備段階であるが、現世の主たる営為や任務はこの信仰なのであって、理性によって神と真理を観照するのは現世では不可能であって、それは終末論的な希望となった。「信じなければ、あなたがたは理解されない」(イザヤ書7・9の70人訳からのラテン訳)を彼は引用し、「理解するために信ぜよ」(Credo, ut intelligas)との命法を繰り返し語る。信仰が理性認識にいたる準備段階であるという意味は、神の観照へと理性が導かれるためにはその必然的前提である心の清めが行なわれなければならず、それを行なうのが信仰にほかならないということである。「心の清くない者は神を見ることができない」(マタイ5・8)というのが聖書の根本的な教えであると彼は理解した。神を信じることによって現世的欲望と情欲とから解放され、理性

は清められた澄んだ眼差しをもって神の観照と浄福の生に、現在はまだ到達していなくとも、将来において達し得る、と説かれた

付論3　理性か信仰かの優位性について
――「理解するために信ぜよ」と「信じるために理解せよ」の意味

「理解するために信ぜよ」という命題は信仰が理性認識にいたる準備段階であることを説き、信仰の優位性を端的に表わす根本命題であることが明らかになった。しかし、アウグスティヌスは「理解するために信ぜよ」という命題とちょうど反対の方向をとる逆命題**「信じるために理解せよ」**(Intellige, ut credas)とも説き、逆もまた真なりと主張する(『説教』43・7・9)。この逆命題「信じるために理解せよ」というのは、いわゆる信仰自体の可信性、もしくは信仰の不可避的必然性を理性によって知ることなしには信仰も人間に起りようがないことを示すものである。「実際、信仰よりも思考の方が先行しているのを知らない人があろうか。まずはじめに信仰すべきであることを考えないとしたら、誰れも何かを信じたりはしない」(『聖徒の予定』2・5)。だから信仰の不可欠性を知る理性は、たとえその働きがどんなに小さいものであっても理性であって、

信仰に先行している。この意味で『三位一体論』を理解するのに重要な書簡では、「理性的な魂をわたしたちがもたなかったとしたら、信ずることもできない」（『書簡』1・3）と言われる。

理性と信仰の優位性を示すこれらの二命題は相対立しているため、これをいかに解釈すべきかが問題として提起された。たとえばグラープマンは『三位一体論』第12巻で語られている「知識と知恵」（scientia et sapientia）の区別を援用し、信仰の可信性を認識する、いわば小さい理性を自然約理性とみなし、信仰の段階を経て到達する知性を超自然的理性とみなして、**理性―信仰―知性の三段階**の図式があると主張した（M. Grabmann, Augustins Lehre von Glauben und Wissen und ihr Einfluss auf das mittelalterliche Denken, Grabmann-Mausbach, Aurelius Augustinus, S. 90f.）。しかし、長沢信寿《のぶひさ》（1897 - 1972『アウグスティーヌス哲学の研究』）はこの三段階的な図式では理性と信仰の問題が解明し尽されていない点を見いだし、信仰の可信性を知る自然的理性にも信仰が伴っているがゆえに、このような理性を伴っている信仰を「即自的信仰」とみなし、知性を媒介とした自覚的な「対自態」から進展して、「即自且対自的信仰」へと弁証法的に運動する図式が存在すると主張する。この図式は**理性―信仰―知性**となって発展するが、この図式を**理性―信仰―知性**という先の図式と否定媒介的に、理性と信仰の各段階ごとに媒介相即させて、さらに理性から信仰、信仰から知性への運動を「非連続の連続」として彼は捉えている。

グラープマン以来定説となっている三段階説は確かに妥当する側面をもってはいるが、理性と信仰とを分離し、矛盾的に対立するものと想定したり、自然的理性と超自然的理性に理性と知性を分離するならば、必ずしも正しいとは言いがたいと思われる。そこで二つの命題の関係について次のような批判的に解明することができるであろう。

(1) まず「**信じるために理解せよ**」という逆命題の位置について考えてみよう。この命題は「理解するために信ぜよ」という根本命題ほどには一般に使用されていないばかりか、根本命題によって否定されている場合さえあるが、その位置は「理解するために信ぜよ、信じるために理解せよ」と続いているように、根本命題に後置されていて、それに対する補則命題となっている。それゆえ、ド・ヴルフ（Maurice Marie Charles Joseph De Wulf, 1867 - 1947）の指摘するごとく、根本命題の補完物（complement）であると言うことができよう（M. de Wulf, History of mediaeval Philosophy, vol. I. p. 83）。

(2) 次に「**信じるために理解せよ**」という逆命題の働きについて考えてみたい。この命題が求めている理解を行なう主体は、信仰に先行するという、いわゆる「小さい理性」であって、それは信仰に先行するとはいえ、信仰から離れないで、信仰の主体へ向けられた反省として働き、信仰自体の可信性と不可欠性とを自覚させる。信じるということは、自己によっては自律できず、他者に向かって寄りすがることである。したがって神の啓示を受けとる場合、信仰は信じられる対象ではなく、もはや自己が自律し得ないため自己を超えて他者に向かう主体の運動となる。「なぜなら信仰とは信じられる対象ではなく、それによって信じられる働きであるからである」（De Trini., XIV, 8, 11）。このような主体へ向けられた反省、もしくは内省分析こそアウグスティヌスの個性的な特質である。そこには「人間学的問題設定」が働いており、信仰も人間学的自覚からその不可欠なる点がたえず省察される（W. Link, Das Ringen Luthers um die Freiheit der Theologie von der Philosophie, S. 242）。このような「先行する省察にもとづく啓示の受容」こそ彼の思想の最も顕著な特質となっている（W. von Loewenich, Menschsein und Christsein bei Augustin. S. 14.）。したがって「信じるために理解せよ」という命題は「理解するために信ぜよ」との根本命題自体をも認識するものであって、その優位性は時間上の優先にあるのではなく、人間学的自覚のなかでの先行性を言い表わしているといえよう。

(3) 今わたしは「**信じるために理解せよ**」という命題は信仰の主体たる人間へ向けられた命法であると述べたが、この命題が信仰の主体ではなく対象に向けられている場合がある。すなわち「わたしの言葉は信じるために理解せよ、神の言葉は理解するために信ぜよ」（『説教』43・7・9）とあって、根本命題と補則命題の順序が逆転している。このテキストに知識と知恵の区別が適用され（『三位一体論』XII・15・25「永遠的事物の知性的認識が知恵に属し、時間的事物の悟性的認識が知識に属するということが知恵と知識との正しい区別である……」）、補則命題から根本命題へと発展的にとらえられ、「わたしの言葉」が知識とされ、「神の言葉」が知恵とみなされ、前者に自然的理性が関わり、後者に超自然的知性が関わり、**理性―信仰―知性**の三段階的図式が見られると説かれた。

さて知識と知恵の区別は感性界と知性界との二つの認識の対象に対して精神が関わるときの上位と下位の働きの相違によって生じる。しかし、このテキストでの補則命題の対象は「わたしの言葉」（verbum meum）という説教内容を指している。説教は知恵を含んでいる知識である聖書の証言から成立しているがゆえに、知識と知恵の区分ではなく、知恵を内包する知識を対象とする信仰の三位一体的認識を問題にすべきである。その認識構造は信仰対象の**記憶・知性・意志**の三一構造である（『三位一体論』XIII・20・26）。信仰対象である歴史の啓示は、時間的なるものに関わるかぎり知識に属していても、啓示知識は時間のうちに自己を実現させた永遠の知恵なのであり、啓示知識は知恵にいたる特殊な直観形式をそなえもつと理解された。知識と知恵、また行為と観照とは一応区別されているが、排他的な分離は本来存在しないし、ことに信仰が問題となっている場合には、分離ではなく積極的関係が意図されているといえよう。

(4) 二つの命題の正しい関係は相互要請の関係であるといえよう。アウグスティヌスは詩編118編73節の講解で二つの命題を区別し、根本命題の必然的優位を認めながら次のように語っている。

それゆえ、わたしたちの理性は信じるものを理解するように進展し、かつ信仰は理解するものを信じるように進展する。こうして同一のものがいっそうよく理解され、この理解により精神は進展する（『詩編講解説教』118・73）。

ここに明瞭に述べられているように、精神は同一の対象を理解する働きとして理性と信仰との二重の運動をもち、相互に他に関わりながら理解はいっそう進展する。その際、「**信じるものを理解する**」という信仰内容の理性的解明がなされながらも、それによって信仰は終末に達するのではなくて、いっそう進展し、理性と信仰とが不離なる関係を保っているのは、理性の認識が自己の自然本性の可能性を超えて超越者の語りかけを聴く謙虚なる態度をもち、認識が同時に人間の罪に満ちた現状からの救済となることに由来しているのではなかろうか。

アウグスティヌスの場合、理性の認識が認識を行なっている者の現存在への人間学的反省をたえず伴っているため、信仰内容の理解が理解している者自身への反省という同時的に併発する運動を起し、信仰の不可欠性を自覚するため、信仰内容の認識が信仰を発展させる結果を引きだしている。こうして認識は単なる知識にとどまらず、自己の生き方と深く関わる知恵の探求に向けられる。知恵の探求には「発見しようとする者のように探求し、また探求しようとする者のように発見しよう」（『三位一体論』IX 1・1）という関連が本質的に含まれており、ここから信仰と理性との相互要請も起こってくるといえよう。

第7章　知性的認識と照明説

アウグスティヌスの思想のなかでも、彼が『三位一体論』で語る「知恵」は特別に優れた内容のように思われる。そこでまず彼自身が知恵についてどのように考えていたかを（1）知恵と知識との区別、（2）受肉したロゴスの意義、（3）インテリゲンティアの作用、（4）三位一体論の照明説によって考察してみたい。

（1）知恵と知識の区別

彼はピュタゴラス以来の哲学の定義「哲学とは神的・人間的な二つの事柄の認識である」にもとづいて哲学を知恵と知識に分けている。たとえば『三位一体論』のなかで次のように語っている。

彼らは知恵について論じ、知恵とは人間的かつ神的な事柄の知識であると定義した。そこでわたしも前巻〔XIII・19・24〕で、神的・人間的という二つの事柄の認識は共に知恵と知識と呼ばれうると述べたのである。しかし使徒が教えた区分によれば、「ある人には知恵の言葉が、ある人には知識の言葉が与えられている」（Iコリント12・8）のであるから、先の定義を分割して、神的な事柄の知を固有の意味で「知恵」と呼び、人間的な事柄の知を固有の意味で「知識」と呼ぶようにしなければならない（XIV・1・3）。

このように哲学を二分し、知恵と知識としているが、この両者はプラトン主義の伝統に従って「観想」と「行為」にも当てはまるであろう。そこで彼は言う、「永遠的な事物の観想と、時間的な事物をよく用いるための行為とは異なる。前者は知恵に帰せられ、後者は知識に帰せられる」と。このように彼は論じているが、知識が人を誇らせることを指摘し、知恵によって知識が導かれなければならないと言う。「知識は膨れ上がったり、膨れ上がる傾向をもったりするが、永遠的な事物への愛によって抑えられて膨れ上がることなく、すでに聞いているように〈徳を建てる〉（Iコリント8・1）のであれば、知識は正しい限度のなかで善きものである。実際、知識がなければ、わたしたちを正しく生かす徳をもつことはない。わたしたちのこの悲惨な生は、その徳によって、永遠なる真の至福の生についに達するように導かれる」（XII・14・21）。

これは実に正しい指摘であって「永遠的な事物への愛」、つまり知恵に対する愛としての哲学がなければ、知識だけでは人間を傲慢にしており、罪に陥らせるに過ぎない。そこで彼は使徒パウロの言葉に従って知恵と知識との正しい関係を確立しようとする。

なお彼は知恵と知識を区別しながらも、最終的には知識が知恵に至るように導いていこうとする。たとえば「使徒が〈ある人には御霊《みたま》によって知恵の言葉が、ある人には同じ御霊によって知識の言《ことば》が与えられている〉（Iコリント12・8）と言うとき、使徒は疑いもなくこの二つを区別しているが、同時にこの区別が神に向かう同じ方向性をもっていると考える。だから知識といっても単なる事物の外面的知識ではなくて、それは真の祝福に導くもっとも健全な信仰が生まれ、育てられ、守られ、強められるものだけが知識に属する」（XIV・1・3）と主張される。したがって知識はそのうちに知恵をもつものとして真理を表現しているのであって、時間的なものであるかぎり知識であっても、永遠的な真理に確実に導くものでなければならない。

（2）受肉したロゴスの意義

プラトンが理論的に説いたことは、大衆の力と習慣によって阻まれ、抑圧され、このような現世的力の繋縛《けいばく》によって実現できないことから、単なる理想にとどまった。この世界の拘束性こそ理論と現実との齟齬《そご》をもたらす原因である。ソクラテスの説く吟味の言論が現実にはソフィストの口舌の言論によって撥無《はつむ》され、プラトンでは説得力を欠く観念論となった。このプラトンが空しく求めていたことを現実に実践する道が、受肉したロゴスであるキリストにおいて啓示されている、とアウグスティヌスは主張する。

では、この**ギリシア哲学のロゴス**（言論）**の道**と、**受肉のロゴスによる道**との相違はどこに認められているのであろうか。哲学者たちは真理を観ていても、人々に説得すること(persuadere)をあえてしなかったと彼は言う。それゆえギリシア的観照の道はもう無力となっている。善・実のイデアに向けての魂の全面的転換をプラトンは説いたが、アウグスティヌスによると、これはキリストの権威による説得力をまって初めて可能となる。この説得力は人間の心と意志、つまり愛を浄化する力なしには、すなわち単なるソフィスト的言論の力ではもはや意味をもっていない。プラトン主義とキリスト教とのあいだに認められた「僅かの言葉と見解」の相違点は『告白録』によればロゴスの受肉を意味する。ロゴスの受肉は神が人間の現実に積極的にかかわることを意味し、そこでのロゴスは人間を救済する「神の力」を意味する。この神の力であるロゴスによって、人間は世界への拘束から解放され、現世を超えてゆく超越を現実に達成することができる。

それに対し人間の現実から遊離した単なる言論は空虚で何ら意味をもたない。人間の現実へ関与することこそロゴスの受肉の意義があって、ヨハネ福音書のロゴスが暗黒と罪の世を照らす光として、それゆえ永遠の生命へと人間を救いだす神の力として説かれている。このことをアウグスティヌスは今やキリスト教の中心思想とみなすようになった。このようにして永遠者なる神が人間に歴史的に関与し、永遠への超越の道を開示したのである。彼は次のように語っている。

この宗教が追求している主眼点は、永遠の生命へと改革され回復されるべき人類の救済のための神の摂理の時間的配慮の預言と歴史である。(『真の宗教』7・13)

神の摂理の時間的配慮(dispensatio temporalis)とは永遠者が時間的世界へ積極的に関与することであって(前掲書、10・19)、「本質的には「神の知恵自体が人間の全体を摂取すること」(ipsa dei sapientia totum hominem suscipere)、したがって、「言《ことば》が肉体となり、わたしたちの間に宿った」(ヨハネ1・14）といわれる「ロゴスの受肉」を意味する（16・30）。このことは、すべての者に「神の恩恵にあずかる能力」（gratiae dei participandae potestas）を授けることを意味する（『真の宗教』6・10）。この恩恵によって精神は清められ、神と世界の認識は揺ぎなき確実性をもつようになる。

この宗教が信じられると、神の戒めに適った生活様式が精神を清め、霊的なるものを認識できるようになるであろう。この霊的なるものというのは過去のものや未来のものではなく、常に同一に存続しているもの、いかなる変化も受けることなきもの、つまり父・子・聖霊の一なる神自体である。地上の生活で許されるかぎりこの三位一体が認識されると、すべての精神的・動物的・物体的被造物が、この創造主なる三位一体によって、存在しているかぎり、存在し・形態をもち・極めて秩序正しく支配されているということが疑いなく認識される。……万物は実体、本質、本性、その他の言葉でいっそう良く呼ばれようと、同時に次の三肢（tria）をもつ。すなわち、一なるものであり・固有の形態によって他と区別され・事物の秩序を出ることはないという三肢をもっている。（前掲書、7・13）

三位一体の神への信仰によって世界はこの三位一体による創造された形にもとづいて認識さ

れる。「万物がいかなる必然的、不可抗的、かつ正当なる法則によって主なる神に帰属しているかが明らかになるであろう」とあるように、信仰は世界認識へと導くのみならず、初めに権威にもとづいて信じた教義も、「三位一体の永遠性と被造物の可変性とが認識されると、単に信じられるのみならず、人類に啓示されている至高なる神のあわれみに属していることが判断されるのである」（前掲書、8・14）。

このように神の時間への関与は信仰によって人間の精神を清めるが、たとえば哲学者の三つの悪徳、つまり傲慢（superbia）・嫉妬（invidia）・好奇心（curiositas）とりわけ哲学者の自負心（philosophorum iactantia）が癒され、三位一体の信仰と認識へと導かれる（前掲箇所）。三位一体は歴史に関与する交わりの神であるが、同時に創造的三位一体として万物を創造し、**存在・形相・秩序**の三肢をとおして世界を保持する。それゆえ三位一体の信仰は世界の認識をも可能にする。このようにしてアウグスティヌスは「知恵の探求である哲学と宗教とが別のものではないことが信ぜられ、教えられるのである。これが人間の救いの主要点である」、また「宗教において哲学的思索をなさず、哲学において聖化されていない人々をわたしはまず退けた」（7・12）と主張することができた。三位一体の信仰と認識のうちに宗教と哲学との真の統一としての「真の宗教」が与えられており、これによって永遠への超越が可能になった。

（3）インテリゲンティアの作用

このような信仰から理性へ向かう基本姿勢は『三位一体論』全体の枠組を造っている。すなわち前半は聖書の証言とカトリック教会の教義にしたがって信仰による三位一体の神について述べられ、後半はさらに内面的方法をとって理性の認識作用の構造分析から三位一体の神の認識を扱っている。したがって信仰から理性へと思想が展開していることは明瞭であるが、前半と後半の橋渡しをなしているのは第8巻であって、そこでは愛の現象とその分析がなされ、人間存在の考察が重要な意義をもっている。この現象と分析を手がかりとして神の像が理性の認識作用のうちに探求された。

三位一体の神は実体が一であり、ペルソナが三として語られているが、この神の認識はいかにして可能であるかを、神の本質を示す言表の認識にもとづいて検討しながら、アウグスティヌスは人間の魂のうちに「内的真理」（veritas interior）として宿る理念に向かう愛の働きに、神の認識にいたる端緒を見いだしている（『三位一体論』Ⅷ・1・1－7・10）。こうして彼は**愛の経験的現象**を捉えて、**愛の三肢構造**（tria）を記述している。一般に言葉が何かを述べながら同時に自己自身をも述べているように、愛も何ものかを愛しながら同時に愛そのものを愛している。こうして愛は愛の根源である神につながっている（前掲書、8・12）。そこから「**愛する者**」（amans）・「**愛されるもの**」（quod amatur）・「**愛**」（amor）の三肢がとらえられる（10・14）。愛の対象志向性は認識をして対象の存在や記憶内の表象に依存させることなく、対象を志向し関心をもつ心の注意作用（intentio animi）とか意志を中心に立てられる（XI・2－3）。このような愛の根源的志向性は認識において精神が対象に向かう主体的関係を造りだし、他の諸々の行動をも基礎づける根源的作用である。

だが、愛の三肢構造は、愛する者と愛される対象との二つの実体から成立しているので、三にして一なる関係構造をもっていない。愛する者と愛される対象とが実体的に一である場合は「自愛」（amo sui）の現象である。しかし、自愛の現象では愛する者と愛との二肢構造であって三肢をもっていない（前掲書、IX・2・2）。しかし、自愛という現象は自知（notitia sui）なしには存在し得ない。したがって愛が知を媒介にして自己を精神（mens）として定立するとき、精神の自己規定に現われる三一構造、つまり精神・自知・自愛がとらえられる。この精神の三一構造は三肢がそれぞれ独立でありながら相互に関わり合う三位一体の神の類似像である（前掲書、IX・3・3－5・9）ところがこの像は、精神という一つの実体の内部においてのみ三肢が関係し合っているため、精神の基体である魂の可変性によって永遠的なものではない。

そこでアウグスティヌスは「自己のうちに見る」(videre in se) というのと、魂のうちに宿っている「真理自体のうちに見る」(videre in ipsa veritate) とは相違していることを指摘する。精神が不変の真理を認識するとき、精神自身よりもさらに内的である真理を認識しているのであって、そのような認識を行なうものは知性 (intelligentia) である。「インテリゲンティアとは魂が真理を観照しているかぎりでの魂である」(シュマウス、前掲書、305頁)。この知性を記憶 (memoria) 内部の理念に向けるのは意志 (voluntas) の働きである。ここから知性的認識における三一構造として**記憶・知性・意志**という類似像が把握された (『三位一体論』IX・6・9、X・11・17)。これがアウグスティヌスの認識論である照明説の土台となった。

(4) 三位一体論の照明説

アウグスティヌスの**認識論**は一般的には**照明説**と言われる。しかし、その実質的内容は明瞭ではなく、理解するのに困難である。しかしそれはプラトンの**想起説**やトマス・アクィナスの**抽象説**と比較すると、ある程度解明されるのではなかろうか。

ここでは「言葉」の意味を「抽象する」抽象説を簡単要約すると、次のようになる。「人間たるかぎりにおける人間に固有な働きは知性的認識である」(トマス・アクィナス『神学大全』第1部第76問1項、高田三郎、山田晶訳、39頁)。これが人間の魂に固有な働きなのである。この知性の作用は悟性のように直接に感覚的な対象に関わるのではなく、まず感覚が感覚的対象からその姿を捉えて、それを表象に統合し、その表象から知性は対象の本質を抽象することによって認識する。ここに抽象説と言われるトマスの認識論が成立する。

アウグスティヌスは『三位一体論』の後半で愛の現象を手引きとして三位一体の類似像を探求した(『三位一体論』では数か所で「照明」について語られてても、認識論としての照明説は展開していない)。その際、この愛が知性を媒介にしてその存在構造を解明したのであった。この愛の本性は対象に向かいながら同時に自己に向かっている。さらに自己をこえて愛の根源なる神に向かう超越が愛のうちに内在している。アウグスティヌスの説く聖い愛カリタスは神への愛と自己への愛とを一つに融合させた統合体を形づくっている。「わたしたちが神を愛すれば愛するほど、わたしたち自身を愛しているのである」(『三位一体論』Ⅷ・8・12)と彼は語っている。愛は知性的対象として理念に向かいながら同時に自己を愛する。この二つの運動は矛盾しないで同時に併発している。すなわち愛は自体的に何かに向かう志向性でありながら、愛の根源である神とその創造思想たる理念に向かう。この愛の二重性が知性を媒介し、自覚的に愛の生命を意志として明らかにされるとき、これまで考察してきた二つの類似像、つまり精神・自知・自愛と記憶・知性・意志が把握されたのである。この二つの類似像の関係について、アウグスティヌス自身とくに考察を加えているわけではない。したがって両者は決して互いに矛盾しないで、思想の発展の中で記述されているものであるが、二つの関係が発展的動的に立てられていて、単に人間の存在が何であるかから、何であるべきかへと進展すると彼は語っている(『三位一体論』IX・6・9)。そこにわたしたちは彼の人間学的自己理解の方向性を見ることができよう。つまり知性的理念による第二の類似像は、理念によって誤りのない認識を行なうのみでなく、同時に精神を真理に向けて本来的存在へ導き、精神を秩序づけるのである。こうして秩序づけられることにより精神は自己自身との関係に即自的に立つのみならず、永遠者との関係に立つことを通して自己自身との関係にも秩序を確立する。したがって第一の類似像は自己内関係に立ち、第二のそれは自己超越関係に立っている。そして自己との関係と永遠者との関係は信仰にもとづく愛の生命の中で統合されている。さて精神はその認識の究極において神の観照にまでいたるとき、神の像は神の似姿にまで達する。「神の全き観照が実現するであろうそのとき、この像において神の似姿が完成するであろう」(『三位一体論』XIV・17・23)と彼は語っている。

精神の認識作用のうちに探求された神の像は別の形で表現すれば存在・認識・愛の三一構造として一般化できるであろう。そのなかでも最も顕著な点は認識に愛を不可欠の本質として加えたことである。愛なしには精神は知性的理念にも、その統一者である神へも向くことはできない。いな、信仰によってこの愛が清められ秩序づけられていないならば、神の観照など思いもよらぬことである。信仰による心の清めがなければ、理性は神の観照に向かい得ない。「アウグスティヌスが愛を観照における本質的要素として加えたことによって、まさに彼の観照（cotemplatio）の概念を、本質的に純粋な悟性認識にとどまっているギリシア的テオリアから区別している」（シュマウス、前掲書、306頁以下）といえよう。本来、アウグスティヌスの哲学は知恵そのものである神に対する愛以外に目的をもっていない（『神の国』Ⅷ・1）。この愛が認識を媒介にして展開しているが、愛と意志がいつも認識に対し優位をもつと考えられている。また愛は愛の根源にまでさかのぼるため、自己の存在もしくは記憶（意識）に現在する理念を知性によって捉え、理念において世界と自己との存在の全体を認識し秩序づける。このような愛をもって存在の全体を秩序づけることにより愛の存在論が成立している。

補論1　『ソリロクィア』の照明説

この著作の表題「独り誇る」（ソリロクィア）が示すごとく、きわめて内省的な書である。ここでもアウグスティヌスはプラトンおよびプロティノスと共感しながら思索を進めているが、これら先哲の知識を受け継ぐだけでは満足しなかった。それはあたかもウルム郊外のデカルトのように、「深い孤独」（solitudo mera）のなかで神に祈りながら思索を開始し、「精神そのものが知性（intellectus）によって把握されることをわたしは熱望する」と願っている（『ソリロクィア』I・4と9、1・3・8）。この知性による認識はこの書ではとくに太陽の比喩によって論じられる。それはプラトンが善のイデアを太陽の比喩によって説明したのに依っている。太陽が感覚的事物の存在と認識可能性との根拠となっているように、善のイデアはもろもろのイデアの存在と認識可能性との根拠をなしている（プラトン『国家』VI・508A－509B）。また善のイデアの地位にプロティノスでは「一者」がおかれているように、アウグスティヌスでは「神」が立っている。

太陽が事物と目との双方を照明することによって目の中の視力が働いて、感覚的知覚が生じるように、神が真理と精神との双方を照明することによって精神のなかに宿る知性が働いて、知性的認識が生じる（『ソリロクィア』Ⅰ・6・12）。この知性的な認識が彼の照明説となる根拠であるが、このような光の認識はアウグスティヌスの神秘主義的経験に根ざしている。太陽を直視するには健全で丈夫な目を必要とし、そのためには身体の汚れと可死的事物への欲望から目が清められていなければならない。しかし、弱い目の人や病んでいる人は閃光に射すくめられると暗闇にもどってしまう。これは『告白録』（Ⅶ10・6）のミラノにおける体験を反映しているといえよう。

魂の本質は知性による神の認識にあって、神の直視（visio Dei）こそ理性の目標（finis）である。それゆえ「この直視そのものは魂のなかに宿っているあの知性である」（『ソリロクィア』Ⅰ・6・13）とも言われる。このような直視が続いて起るような視力こそ完全なもので、「徳性」（virtus）がそのように導く力である。ところで「視力は、すでに健全なものであっても、目を光の方に向き変えさせることはできない」（前掲書）と言われる。この転向が生じるためには「信仰・希望・愛」というキリスト教的徳性がなければならない。このようにキリスト教が知性的認識を実現させる徳力として考えられているのは、魂の現実存在についての自己認識による。この認識は神の前における自己認識に由来するといえよう。というのも魂が身体のなかにあるがきりでは、神を直視していても、なお懐疑の闇に転落することがあり得るから、それゆえ次のように語られる。すなわち「たとえ最も充実したかたちで神を直視し、理解していようとも、身体の感覚はそれ自身の働きを遂行し、〔魂を〕欺くことができないとしても、疑いをいだかせることができるので、これら〔の感覚〕に抵抗し、むしろこのように抵抗することが真理であると信じられる、と語り得るのは信仰なのである」（前掲書、7・14）。

このように神の直視という知性の終極目的に達していても、それでも身体的に人間が存在するかぎり、そのような直視から転落せざるを得ない。ここに人間存在の根本的な限界がある。ここから信仰・希望・愛というキリスト教的徳性が要請されてくる。

このような人間の現状のゆえにアウグスティヌスは神の摂理によって人間が新しい内的人間となってのみ、永遠的なものへ超越することが可能になると説き、理性的精神による超越について論じはじめる。そこで彼は「わたしたちは理性が可視的なものから不可視的なものへ、時間的なものから永遠的なものへ上昇しながら、どの程度前進しうるか考察しょう」（29・52）と語り、天体や自然の観察を「不滅なるものもまた不変に存続するものに向かう段階」とみなし、物体的自然から生命的存在へ、さらに理性的生命に至り、人間理性と真理との認識論的な関連について考察する。

その際、理性が誤りを犯す可能性、つまり「誤謬の可変性」（mutabilitas erroris）があるかぎり、真理のほうが理性に優るものとみなされ、わたしたちは何らかの学術、学問、知恵を分有することによって、事物を正しく認識し、洞察力を深める必要があると説かれる（ibid, 30, 54）。この分有の対象と考えられている知恵の最高の形態が最高の知恵であって、それは「不滅の真理であり、すべての学術の法則また全能なる工匠の術と正当にも呼ばれる」（前掲書、31・57）。この真理は形態的自然においては、工匠の作品のように、内なる法則や術として、人間の精神に対しては理性的判断の基準として示される。そこで自然と精神が真理を分有する仕方は、自然の場合には作品から創作者を推論して判断していく方法をとるが、精神の場合には創作者自身の語る思想を親しく聞き、これを追想する内的意識における直観的方法が採用される。

アウグスティヌスは法律の例をあげてこれを説明する。法律は人間精神によって制定されたものであるが、ひとたび制定されると裁判官はこの法を基準にして判決を下す。「しかし、現世の法律の創設者は、もし善人にして知者であるなら、永遠の法（lex aeterna）自体に助言を求める。この法について如何なる魂も判定すべきではなく、その不変の規範にしたがって時に応じて何が命じられ、かつ、禁止さるべきかが決定される」（前掲書、31・58）。人間が制定した現世の法律は永遠の法を基準としている。作られた法律は創設者の作品であるが、この創設者の精神は永遠の法の下にある。これと同じ関係が自然と理性のあいだにもある。自然が真理を分有しているのは創作者の作品に対する仕方と同じであるが、理性が真理に対向するのは永遠の真理に聞き、それを追思惟することによる。前者には悟性的認識による判断が、後者には知性的認識による本質直観が属している。アウグスティヌスはこの両者の関係を「判断」と「認識」の区別として次のようにいう。

したがって永遠の法を清い心が認識することは許されているが、それを判断することは許されていない。両者の相違は、認識には何がかくあり、或いは、かくないかを、わたしたちが観れば十分であるのに対し、判断には、わたしたちはそれが他でもありうることを知らせる何かを付加するという点にある。たとえば工匠が自己の作品について行なっているように、かくならなければならない、かくならなければならなかった、かくならなければならないだろう、とわたしたちが語る場合のように（前掲箇所）。

自然は被造物であり、作品のように作られたものである。このような自然的で外的な対象に対して悟性的判断がなされるが、真理自体は知性的対象であり、これには直観的認識が属し、「それにしたがってこれらは異なるものではないとあなたが認識する〔基準たる〕ものが真の光である（illa lux vera est qua haec non esse vera cognoscis）」（前掲書、34・64）。ここにアウグスティヌスの照明説の構造が示される。事物を対象とする悟性的認識は判断を下す能動的なものであるが、この悟性的な認識は直観的認識において受動的に観られる真理を基準にしてのみ誤りないものとして遂行される。

このようにして「誤謬の可変性」は克服されるのであるが、それが可能なのは真理が光として精神を照らすべく人間の内に宿っているからである。「真理は外から勧告し、内に教える」（『自由意志論』II・14・38）ものであり、「内なる人が照らされる真理の光」である（『教師』12・40）。だから感覚的欲望によって暗く曇らされた精神の眼を清め、自己の内なる真理に向かい、これを観ることによって人間は誤らない判断をなすことができる、と彼は説くようになった。

補論2　『真の宗教』における内面性の命法の構造

このような視点からアウグスティヌスは『真の宗教』で**内面性の命法**を語っている。この視点から照明説の構造を解明してみたい。その命法をまず引用してみる。

外に出て行こうとするな。汝自身の内へ帰れ。内的人間のうちに真理は宿るのである。そし

ても し汝の本性が可変的であるのを見いだすなら、汝自身をも超越せよ（transcende et te ipsum）。だが、汝が超越するさいに、悟性的魂（ratiocinans anima）を超越することを銘記せよ。それゆえ理性の光自体が照明されているところへ向かって前進せよ。真理は悟性の働きによって自己自身に達するのではなくて、悟性の働きをなすものが志望する当のものであるゆえに、すべての善き悟性的思惟者（ratiocinator）は実に真理以外のどこに達するのか。ここに考え得る最高の一致があるのを見よ。そして自己を真理と一致させよ。汝は真理自身ではないと告白せよ。汝は探究することにより真理に達したのであるが、真理は自己自身を探究するわけでないのだから。探究は場所の空間によるのではなく、精神の愛の働き（mentis affectus）によって生じる。かくて内的人間自体が自己に内住している者〔真理〕と、最低の肉的快楽によってではなく、最高の霊的歓びによって一致するにいたる（『真の宗教』39・72）。

このように内面性の命法は内的人間のなかに宿る真理を捉えるために語られているが、理性自身の光、つまり悟性の能力は有限的である。それは誤謬の可変性から自由になっていないからである。それゆえ精神は悟性としての自己を超越し、悟性を照明する真理自身に向かわねばならない。このような超越は「精神の愛の働き」（mentis affectus）にほかならない。affectus は ad-fectus として脱自的指向性であって、自らを超えて真理に適合し、内面性はそれ自身の内側で突破される。それゆえ「汝は真理自身ではないと告白せよ」と言われる。これこそ主観主義的な形而上学や認識論を根底から破壊しそれを突破する。

このような愛の脱自的指向性が懐疑論を克服し、真理自体につく行為的性格をもつものとなる。この精神の真理に対する燃ゆるがごとき愛は、真理を疑っている思考の事実のなかに疑い得ない確実性とこの確実性の根拠を探究する（前掲書、39・73）。このようにして外界の事物や事象に向けられた知識の不確実性は、悟性的認識の挫折であり、知的な絶望であるが、内面性への命法は自己が疑っている思惟の行為自体の確実性を自覚させる。しかし、真理であるかどうかの疑いは、真理の光によって判断が下されるのであるから、この確実性を真なるものとして理解するためには、真理自体に依らなければならない。これは光の照明説と同じ認識構造から考えられている（金子晴勇『アウグスティヌスの人間学』創文社、第1部第3章、116頁以下参照）。確実性の根拠はデカルトが考えたような自己意識の主観のなかにあるのではない。認識する主観はアウグスティヌスでは自己超越的であって、「精神の愛の働き」は真理自体に脱自的に向かいそれに適合しようとする。この真理との一致は真理を自己のうちに形成するのではなく、真理の発見と現存在の知的絶望からの救いである。「なぜなら悟性の働き（ratiocinatio）がそのような真理を形成するのではなく、発見するのであるから。それゆえ、真理は発見される前には自己のうちに存続し、発見されるときにはわたしたちを更新する」（前掲書）。ここでは認識行為とともに認識する者の現実存在が考えられている。真理の光は人間的現存在の在所を照らし、認識を正しく導くもので、ロゴスの受肉を同時に意味している。

わたしたちは日のある間、つまり理性を使用できる間に歩もう。こうして神に向かって回心し、真の光である神の言葉によって照明されるに値するものとなり、暗きに追いつかれないようにしよう。まことに日とは（この世に来るすべての人を照らす）あの光の現存である。（人を）と（ヨハネが）述べたのは、人が理性を使用しうるからであり、人は倒れた場所に目を向け、そこから立ち上がることができるからである（前掲書、47・79）。

神の言葉は真理に向かわないで、現世的事物への欲望によって地上に倒れている人間の心に呼びかけ、「精神の愛の働き」を喚起する。この人間の内へ語りかける神の言葉こそ「内なる教師」としてのキリストである。受肉せるロゴスの力によって精神は愛の働きを真理に向け、超越への途に立つようになる。「汝自身を超越せよ」との命法はこのような意味をもっている。

神の言葉は三位一体の第二位格として、根源的一者・最高の一者・最高本質なる神を「在るがままに開示するもの」(quae illud ostendit sicut est)、つまり「真理」(Veritas)であり、「始原における御言葉、神とともなる神である御言葉(verbum)」であり、一者の「光」と適切にも聖書で呼ばれる(前掲書、39・66)。万物は神によって造られているので、神に類似しているが、最高の類似性そのものが真理であり、人間は真理を精神によって認識しうる存在で、神の像と似姿をして造られている。「それらのうち他のものはそれ〔御言葉なる形相〕によって造られているのは、それを追求するためである。つまり理性的で知性的なすべての被造物であって、そのなかでも人間はきわめて適切にも神の像と似姿に向けて造られた(factus ad imaginem et similitudinem Dei)と語られている。さもなければ、精神によって恒常不変の真理を認識することはできないであろうから」(前掲書、44・82)。人間は神の像へと、真理へ向けて造られている。この根源的対向性こそ精神の affectus=ad-fectus にほかならない(『告白録』の初めに、「汝は人間を呼び起して、汝を賛美することを人間の喜悦となしたもう。それは、汝がわたしたちを汝に向けて造りたまい〔fecisti nos ad te〕、わたしたちの心は汝の中に〔in te〕休らうまでは不安であるから」と語られている。この神への根源的対向性〔ad〕は人間の超越的存在の核心をなすものであって、神が人間に被造物を通して外から、真理の照明により内から、歴史をとおして人類的に、語りかけることによって生じている)。

第8章　神への超越機能と三位一体神秘主義

アウグスティヌスの霊性思想の特徴は彼の心の憧れが永遠者に向かう超越から生まれていると考えられる。古代末期には人々は概して心に感じられる不安と罪責からの救いを永遠者に求めるようになった。だが、そこには同時に現世の超越を説いたプラトン主義が共感的に感得され、宗教性を伴った新プラトン主義による超越志向が受容されるに至った。そこから**霊性の超越機能**が明瞭に説かれるようになった。ここにアウグスティヌスの霊性思想の特徴を求めることができる。この点を彼の主要な作品を通して解明してみたい。

(1) 対向性としての霊性と超越

アウグスティヌスの「不安な心」の運動は初期の著作『**自由意志論**』(De libero arbitrio) では

「心情」の運動として把握される。この著作で彼はマニ教の善悪二元論と対決し、道徳的判断の下にある一切の行為が、他のなにものによっても動機づけられない自由意志に由来していると説いた。これによって罪の概念が変わり、「罪は無知である」というソクラテス的理解は捨てられ、「高慢」(superbia)があらゆる罪の源泉であると主張された(『自由意志論』III, 25, 76)。また人間が意志の自由な決断によって行為する主体であることから、意志の特質は精神の運動(motus animi)、もしくは対象に向かう指向性(intentio animi)や愛の動き(affectio, affectus)として捉えられた。この心の運動は「心情」(affectus cordis)として「精神の受動性」(passiones animi)と同義であるが、彼はこれをいわゆるストア的情念としてではなく、精神と身体との二元説を超えて、人間の全体的な運動とその方向性という情意と愛の動態もしくは傾向性として理解した(この affectio 概念は『自由意志』では自然学的使用から倫理学的使用に移行しているが、『カトリック教会の道徳』ではもっぱら神と人間との人格的愛の関係に用いられている。しかし、『真の宗教』では心の情態における内的出来事が身体的空間に現象すると見られ、それは人格の作用として把捉される)。またこの affectio は defectio と対立関係において定着してくると、affectio は ad-fectio〔対向性〕として de-fectio〔離反性〕からの動向転換を内包するものとなり、『告白録』の「心」概念に近づき、神に向けて造られている存在者の「根源的対向性」として霊性的な自覚をもたらした(金子晴勇『アウグスティヌスの人間学』第2部第1章参照)。

しかし愛の方向転換を実際に行なうためには、神の恩恵が必要である。この恩恵によって魂は新生し、「霊的人間」(homo spiritualis)が誕生する。この霊的人間が形成されるために神の知恵自体なる神の独り子が「人間の全体」(totus homo)を摂取し、更新の道を拓かねばならなかった(『自由意志論』Ⅲ・16・30)。こうして受肉思想にもとづいて神へ向かう真の超越が実現するようになり、罪から信仰へと決断することによって神への対向性としての霊性が実を結ぶようになった。

(2)『真の宗教』における「超越の命法」

この意味で霊性の超越作用が『真の宗教』における「超越の命法」として語られようになった。この命法は「内面性の命法」として聖なる永遠者へ向かう超越を命じているが、自己の内面たる「精神への超越」と精神を超える聖なる「神への超越」との二重の運動から成っている。まず、自己の内面への超越は「外に出ていこうとするな。汝自身に帰れ。内的人間の内に真理は宿っている」という命法で示される(『真の宗教』Ⅲ・16・30)。ここで「外に」とある「外」とは、自己の面前に広がっている世界の全体である。世界の外的現象は感覚を通して知覚の対象となっている。だが感覚ほど人を欺くものはない。感覚ではなく理性の作用によって初めて世界は正しく認識される。そのために「汝自身に帰れ」という命法が発せられる。こうして内面に向かうことによって理性はそこに宿っている真理にもとづいて世界を真に認識するようになる。このことが第一の命法が要請する内容である。

ところが人間の精神は残念ながら有限で、誤謬を犯すことを免れない。そこで第二命法が第一のそれに続いて「そしてもし汝の本性が可変的であるのを見いだすなら、汝自身を超越せよ」(前掲書、39・72)と告げられる。この場合の「汝」というのは「理性的魂」(ratiocinans anima)を指しており、それを超える上位の機能は「知性」(intellectus)もしくは「直観知」(intelligentia)と呼ばれる。これらの認識機能は永遠の理念のような超自然的な対象に向かうがゆえに、理性機能をも超越しており、知性的な霊性を意味するものとなる。このような二重の命法からなる運動は霊性に固有な超越の機能によって実現される。したがって霊性の超越運動はこで示される「外から内へ、内から上へ」という二重の超越の道となっている。

（3）『三位一体論』における理性と霊性

三位一体の神は実体が一であり、ペルソナが三として語られるが、この神の認識はいかにして可能であるか。アウグスティヌスは神の本質を示す言葉を検討しながら、『真の宗教』で説かれた、人間の魂のうちに宿っている「内的真理」（veritas interior）に向かう愛の働きに、神の認識に至る端緒を見いだしている（『三位一体論』Ⅷ・1・1–7・10）。この愛の動きは神への対向運動を起こすのであるが、彼はまず『三位一体論』第八巻で愛の経験的な現象を分析することに着手する。そして愛の運動には、愛の三肢構造（tria）があることを解明する。というのは一般に言葉が何かを述べながら同時に自己自身をも語っているように、愛も何ものかを愛しながら同時に愛そのものを愛している。こうして愛は愛の根源である神につながっている（前掲書、Ⅷ・8・12）。そこから「愛する者」（amans）・「愛されるもの」（quod amatur）・「愛」（amor）の三肢が導き出される。このような愛の対象志向性は認識をして対象の存在や記憶内の表象に依存することなく、対象を志向し関心をもつ心の注意作用（intentio animi）とか意志を中心に立てられる（前掲書、Ⅸ・2–3）。この作用は愛の根源的志向性から精神が対象に向かう志向性を造り出し、他の諸々の行動をも基礎づける根源的作用である。

だがこのような愛の三肢構造は、愛する者と愛される対象との二つの実体から成立するので、三にして一なる関係構造をもたない。ところが愛する者と愛される対象とが実体的に一であるのは、自愛（amo sui）の現象である。とはいえ自愛の現象では愛する者と愛との二肢構造であって三肢がない（前掲書、Ⅸ・2・2）。ところが自愛という現象は自知（notitia sui）なしにはあり得ないがゆえに、愛が知を媒介にして自己を精神（mens）として定立するとき、精神の自己規定のなかに三一構造、つまり「精神・自知・自愛」がとらえられる。この精神の三一構造は三肢がそれぞれ独立でありながら相互に関わり合う三位一体の神の類似像である（前掲書、Ⅸ・3・3–5、9）。ところがこの像は、精神という一つの実体の内部においてのみ三肢が相互に関係し合っているのみならず、精神の基体である魂が可変的であるがゆえに、永遠なものであり得ない。その際、アウグスティヌスは『真の宗教』の二つの命法の場合と同じく、「自己のうちに見る」（videre in se）ことと、魂のうちに宿っている「真理自体のうちに見る」（videre in ipsa veritate）こととが相違することを指摘する（この事態は、既述のように、内面性の命法が自己への超越と真理への超越とに分けられていた点に符合する）。精神が不変の真理を認識するとき、精神自身よりもさらに内的である真理を認識しており、そのような認識を行なうものは知性（intelligentia）である。「インテリゲンティアとは魂が真理を観照しているかぎりでの魂である」（シュマウス、前掲書、305頁）。この「知性」を「記憶」（memoria）内部の理念に向けるのは「意志」（voluntas）の働きである。ここから知性的認識における三一構造として「記憶・知性・意志」という類似像が把握される（『三位一体論』Ⅸ・6・9、Ⅹ・11・17）。このようにして精神の三肢構造として把握された認識の機能は神を認識する霊性の機能と動態を示していると言えよう。

（4）聖なる愛と霊性の活動

わたしたちはこのような三位一体の類似像を発見する手引きとなっているのが愛の現象であり、この愛が知性を媒介にして知性的な認識が展開する。そこに人間における精神の機能が同時に探求されることになった。このような認識の機能は神を捉える霊性の機能でもある。というのも愛の本性は愛する対象に向かいながらも、同時に併発的に自己に向かうのみならず、さらに自己をも超えて愛の根源なる神に向かう超越運動とならざるをえない。このような愛は神に向かって働くがゆえに、単なる欲望でも、善悪無記の中性的な欲動でもなく、神から心に注がれた「神の愛」（caritas Dei）から生み出される清い愛（カリタス）であって、神に対する愛と自己に向かう愛とを一つに融合させた統合体となっている。それゆえ彼は「わたしたちが神を愛すれば愛するほど、わたしたち自身を愛している」（前掲書、Ⅷ・8・12）と語ることができた。そうすると精神は知性的対象としての理念に向かいながらも、同時に自己をも愛している。神の愛と自己愛とは一般的には対立し激突しあっているのに、アウグスティヌスの精神においては、この二つの運動が相互に矛盾しないで同時併発的に起こっている。すなわち愛は自体的に何かに向かう志向性でありながら、愛の根源である神とその創造思想たる理念に向かう運動を起こす。このように自己愛が真のものでありさえすれば、それが同時に神への愛である関係構造の中に霊性の機能が明らかになってくる。つまり、神への対向性としての霊性は真の自己となる人格形成の根底に働いており、神の力を受容することによって自己の存在を新たに創造するのである。

この愛の二重性が『三位一体論』では知性を媒介として活動するとき、先に述べた二つの類似像、つまり「**精神・自知・自愛**」と「**記憶・知性・意志**」が把握されたのである。しかしアウグスティヌス自身はこの関係を重要視しておりながら、詳細に論究してはいない。むしろ『真の宗教』での超越命法にもとづいて両者は決して互いに矛盾しないで、超越をめざす運動になかで、つまり思想的な発展のプロセスで把握される。したがって二つの関係は、認識の観点から発展的に把握されていおり、単に人間の存在が「何であるかから、何であるべきかへと進展する」と彼は語っている（前掲書、IX・6・9）。

ここにわたしたちは精神が自己と関わりながら、同時にそれを超越した神や真理を志向して、それに関係するという関係の二重構造を把握することができる。したがって人間は自己自身に関わりながら同時に自己の超越に関わっているという二重の関係構造のなかで、自己内関係のさなかに自己超越を志向する。ここに彼の霊性としての精神が把握され、表現されるようになる。こうして第一の類似像は自己内の関係に立ち、第二のそれは自己超越の関係に立つことになる。そして自己との関係と永遠者との関係は信仰にもとづく愛の生命の中で統合される。これがアウグスティヌスの霊性の機能であって、この霊性の作用によって精神はその認識の究極において神の観照にまでいたるとき、神の像は神の似姿にまで達する（教父の伝統では「神の像」〔imago Dei〕が神と人との存在論的関係を示し、「神の似姿」〔simillitudo Dei〕は道徳的な完成の程度を示す。この点に関しては金子晴勇『愛の思想史』知泉書館参照）。この点について「神の全き観照が実現するであろうそのとき、この像において神の似姿が完成するであろう」（『三位一体論』XIV・17・23）と言われる。

精神の認識作用のうちに探求された神の像は別の形で表現すれば「**存在・認識・愛**」の三一構造として一般化される。そのなかでもわたしたちが留意すべきもっとも重要な点は、彼が認識の作用に愛を不可欠の本質として加えたことである。愛なしには精神は知性的理念にも、その理念界の統一者である神へも向かうことができない。否、信仰によってこの愛が現世的な欲望から清められ、神に向けて秩序づけられていないならば、神の観照など思いもよらぬことである。これがアウグスティヌスのキリスト者としての確信なのである。したがって信仰によって心が清められなければ、理性は総じて神の観照に向かうことさえできない。それゆえ「アウグスティヌスが愛を観照における本質的要素として加えたことによって、まさに彼の観照（cotemplatio）の概念を、本質的に純粋な悟性認識にとどまっているギリシア的テオリアから区別している」と言うことができる（Schmaus, op. cit., S. 306f.）。本来アウグスティヌスの哲学は、知恵そのものである神に対する愛を解明することのほか何の目的ももたない（『神の国』Ⅷ・1）。この愛は認識を媒介にして展開するが、認識主体の宿る愛と意志がいつも認識に対し優位をもつと考えられた。また愛は愛の根源にまで不断に引き寄せられるため、自己の存在もしくは記憶（意識）に現在する理念を知性によって捉え、理念において世界と自己との存在の全体を認識し、かつ、自己をそこに向けて秩序づける。このような愛をもって存在の全体を秩序づけるのが霊性の機能である。

（5）三位一体神秘主義

アウグスティヌスの考察は単に人間の認識能力を検討しているだけではなく、人間の精神の現実への反省をも疎かにしていない。第14巻では罪によって毀損している神の像がいかに救済され、更新されるかを主として論じ、信仰が力説されるにいたる。罪による像の損傷は具体的には理性が暗くなり、意志が無力となっていることに示されるが、その場合でも、まず愛の方向転換としての一回的回心と漸進的治癒による健康の回復とが求められる。この回復が日々進むその終極において「顔と顔とを合わせて見る」神の直視へと導かれる（XIV・17・23）。したがって神を対象とする認識でも信仰の認識と理性による認識との二種類が区別されている。

それゆえ『三位一体論』第12巻では知識と知恵との区別がまず説かれた（本書、第7章を参照）。そこでは知識といっても単なる外面的知識ではなくて、「真の祝福に導くもっとも健全な信仰が生まれ育てられ守られ強められるものだけが知識に属する」（『三位一体論』XIV・1・3）と言われていように、知識はそのうちに知恵をもつものとして真理を表現しており、とくに神の言葉の受肉は時間のうちへの真理の現われであり、歴史的啓示としての知識にほかならない。信仰の認識はイエスによって啓示された永遠の知恵を対象とするため、時間的なものであるかぎり知識であっても、永遠的な真理に確実に導くものである。こうして、人間であるイエスを通して神なるキリストへと私たちが導かれる、と彼は言う（前掲書、XIII・19・24）。だが知識だけでは永続しないで、神の全き観照が成立するときまで続くにすぎない（前掲書、XIV・2・4）。それに対し永続するのは神を観照する知恵の認識である。このように説きながらもアウグスティヌスは「最高の知恵は神であり、神の礼拝が人間の知恵である」と語る（前掲書、1・1）。彼は精神の三一的な類似像全体を神に向け、神の本質である知恵に関与することを**神の礼拝**（colere Deum）とみなし、知恵とは神の礼拝である、と説いた（『三位一体論』XIV・1、『ヨハネによる福音書講解説教』XXVIII・28、『エンキリディオン』1・2参照）。そうすると神の認識は観照という高次の直観でのみ成立するのではなく、礼拝という行為の中でも実現していることになる。それゆえ「記憶・知性・意志によって行なわれる礼拝は、一般に人間精神が神の像であるところの知恵の内実を制限している」（シュマウス、前掲書、305頁）といえるであろう。

さらにこの礼拝において神と一つになることを彼は「一つの霊（unus Spiritus）となる」というパウロの言葉によって語っている（『三位一体論』XIV・14・20、参照『告白録』VII・11・17）。これはたしかに終末の完成時のことを述べた文章ではあるが、神への帰依は礼拝の基本行為であるから現在においても信仰によって可能であり、神と精神が一つの霊となるのも聖霊の愛のわざである（『三位一体論』XV・17・31）。「聖霊によって神の愛がわたしたちの心のうちにそそがれ、神の愛によって全三位一体がわたしたちのうちに住まいたもうのである」（『三位一体論』XV・18・32）。この神の愛によって神と一つとなるため、それはカリタスの神秘主義とも、また三位一体とその類似像との間に成立する「三位一体的神秘主義」（シュマウス、前掲書、309頁）とも呼ばれることができる。

結論的考察

アウグスティヌスが先に本書の第5章で考察したように「像」（似像）の概念を用いる背後には、プロティノスの影響があった。プロティノスには「像」の概念は、「発出—帰還」運動との関連で重要視されていた。その際、「発出」もしくは「流出」の概念は彼の存在の五段階説にもとづいて説かれた。つまり、一者・知性・魂・身体・質料の段階的な系列がそれであって、その所産は発出母体の像とされ、「知性」は「一者」の似像として、「魂」は「知性」の似像として考えられた。そしてここには三位一体的な関係があると説かれてきた。こうして似像は原像と類似しているもののそれよりも劣ったものであり、また——さらに重要なことであるが——原像から何らの媒介をもたずに直接発出する。だから似像は原像なるものへ戻ろうとし、範型を追い求めてゆくことになる。それゆえ似像は、うちなる原像との類似によって原像を知ることができ――似たものは似たものによって知られる――、こうして原像を観想することによって、原像を知るようになり、さらに原像に似たものになってゆく。それゆえ、プロティノスでは観想の行為そのものが帰還の行為でもある。そしてこの観想の行為は、自己の内側に向かう行為である。また存在の尺度で上昇してゆくことはいっそう深く内側に入ることにほかならず、深く存在の中心に入り込むことにほかならない。このようにプロティノスは考えていた。

このような似像の理解こそ、アウグスティヌスが受け入れ究めようとしたものであった。彼はまず、人間が神の似像であることから出発する。この出発点は、彼の発見になるものではなく、聖書の啓示である。しかし、人間の似像と類似性の意味については、彼はこれをプロティノスの教説に求める。人間が神の似像といわれるのは、神によって創造されたからであり、そこには神と人間との間にいかなる存在者も介在しないからなのである。アウグスティヌスは言う、

被造物のなかで、何らかの仕方で神に似ている、すべてが神の似像と言われるのではなく、神ご自身だけが、それにまさるあの精神だけが似像なのである。実際、神との間にどんな本

性もおかれていないものだけが、神の直接の写しをもつのである（『三位一体論』XI 5・8）。

この思想こそ『告白録』第7巻の神秘的体験を導き出したものに他ならない。アウグスティヌスは新プラトン主義によって神を観照する神秘的な経験を次のように語った。

そこでわたしは、それらの書物から自己自身に立ち返るように勧められ、あなたに導かれながら、心の内奥に入っていきました。それができたのは、あなたが助け主になってくださったからです。わたしはそこに入ってゆき、何かしら魂の目のようなものによって、まさにその魂の目を超えたところ、すなわち精神を超えたところに、不変の光を見ました。それはだれの肉眼によっても見られるあの普通の光ではなく、それと同類だがもっと大きく、はるかに明るく輝き、その明るさで万物を満たすような光りでもありませんでした。わたしが見たのはそういう光ではなく、このようないかなる光ともまったく別のものでした。……そしてはげしい光線をあてて弱いわたしの視力を突き放されたので、わたしは愛と恐れにわななきました（『告白録』Ⅶ・10・16）。

このテキストには①内面への転向がはじめに述べられ、次に②「魂の目」によって自己を超えたところに不変の光を見る体験が語られている。

思考を習慣からひきはなして、反対するさまざまな幻想の群れから身を遠ざけ、ある光を注がれたことを悟り、「不変なものは可変なものにまさる」と何の疑いもなく叫んだとき、その光によって「不変なもの」自体を知ったのです。……そしてついに、おののくまなざしで(inictu trepidantis aspectus)「存在するもの」を一瞥するにいたりました」(『告白録』Ⅶ・17・25)。

ところが③不変の光の照射をうけ、突き放されるという経験となり、直観は一瞬のうちに消滅してしまう。このような「魂の目」による光の認識の挫折は、神の側からの声を啓示として聴く信仰に彼を向かわせた。

その後彼はその母の死の直前、アフリカへ帰る船をローマの港オステアで待っているときに母との最後の語らいを残している。そこでは神の認識が一瞬の出来事に終わったことを回顧し、その瞬間が神の言葉とともに永続するように願っている(前掲書、Ⅸ・10・23–25)。この神認識の一瞬が永続するようになったときこそ、終末の出来事であり、そこに「神の直視」(visio Dei)が授けられる希望が述べられる。これこそ彼が待ち望んでいる「神の観想」(contenplatio Dei) の教説に他ならない。この教説は新プラトン主義から受けついだ概念であって、それがその後の神秘思想の出発点となり、信仰の道を通して三位一体神秘主義にまで発展していった。この直視はプロティノスから受けたギリシア的な認識の残滓であるが、これが最後まで残ったところに彼の思想がキリスト教古代の時代的傾向を示している。

このように彼は『三位一体論』のなかで魂と神との関係を理解することによって、魂の神への帰還の道筋を示そうとした。この道程を後年ボナヴェントゥラが「精神の神への旅」として詳論したのは、この方法によっている(金子晴勇『キリスト教霊性思想史』164―166頁参照)。ここでのアウグスティヌスの用語「おののくまなざしで」とある。とりわけ ictus (攻撃) の用法には、忘我状態、陶酔状態、ないし直観のひらめきを意味し、たとえ束の間のものであったにしても、神秘的探求の絶頂にあるものとされていた。それは人間をして、天上の悦びを、たとえ一瞬であっても垣間見せるものとされていた。

しかし『三位一体論』の脈絡はまったく異なっている。忘我状態はいかなるものの絶頂ともされておらず、むしろ、始まりとされている。直観のひらめきは、真理それ自体を一瞬の間垣間見させるものではあるが、あくまで探求の可能性を開くだけのものであって、けっして探求の到達点とはされていない。ここに新プラトン主義のプロティノスとの決定的断絶がある。成熟期のアウグスティヌスにとっては、プロティノスの神秘体験で魂の経験の絶頂とされていたものが単なる出発点にしかすぎなかった。

このことが成熟期のアウグスティヌスにとって決定的な確信となっていたことは、『ヨハネ福音書講解説教』で看取することができる。ここにもまた、「奥義のぼんやりとした感知」という概念があらわれている。奥義は、魂が神を思惟するときに予感され（『ヨハネ福音書講解説教』I・8）、あたかも、海を隔てて遙か遠くに故国を眺めるような仕方で魂に臨んでいる。彼によるとわたしたちはどこをめざすべきかを知ることはできるが、この世という海が介在しているため、自分の力でこれを渡ることができない。ただキリストのみが、魂の故国からこの世にあるわたしたちのもとにまでやって来られ、わたしたちが此岸より彼岸へと渡ることを可能にしてくださった。キリストは、十字架という木製の船を造ってこれを可能にしてくださり、わたしたちは、これによって海を横切ることができる。「というのも、もしキリストの十字架によってこの世の海を渡るのでなければ、何人もこれを渡ることはできないからである」（前掲書、II・2）。

魂は、直観のひらめきによって覚醒させられたとき、真理を希求するようになり、真理を一時のひらめきとしてではなく、恒久的に観想したいと願うようになる。魂のあこがれは、もはや個別の善や真理によっては充足されず、善そのもの、真理そのものとしての神によってのみ充足されるものとなる。魂は神を希求する。魂は神を愛し、神を完全な形で見たいと願う。けれども、いまだ知らないものをどうして愛することができよう。いまだ知らないものをどうして愛の対象とすることができよう。この難題、この単なる知的難問以上の難題こそ、アウグスティヌスが魂の経験において、いわば「解明」しようとし続けたものにほかならなかった。彼は、神への愛をみずからの内に見ていた。この真理への憧れ、ついには神にまで向かう憧れを、魂に内在する結合原理として見ていた。これこそが、魂への憧れを収束させて神と一つとなすものであり、魂を導いて永遠の実在領域にまで至らせる、いなむしろ、魂そのものの内側に永遠の実在領域を発見せしめるものだったのである。

アウグスティヌスがこの箇所でおこなっている魂の経験の分析には、二つの要素が認められよう。第一に、魂が神への愛をもっているとは、似像が神へと戻って行くこととされており、そこから、もし神が三位一体であるとするなら、魂の愛の経験のなかにもこの構造が認められるはずだ、との考え方が導き出されてくる。しかし第二に、さらに重要なこととして、魂を永遠の領域にまで導いてゆく愛こそが、魂そのものの真の姿を開示すると考えられ、魂は、愛によってこそ真の自己認識に導かれる、と考えられている。魂が神を知るにまで至る第一段階は自己認識であり、だからこそ、第8巻から第12巻が、人間のうちなる真の神の似像の考察に充てられたのである。

魂は、なによりもこの関心によって、すなわち魂の神に対する愛が三位一体を開示するとの関心によって、導かれてゆく。そしてその結果明らかとなるのが、第8巻末尾で語られる愛の三一構造、すなわち、愛するものと愛されるもの、そして愛そのもの、という三一構造である。けれども、ここには確かにある種の三一構造はあるけれども、これは真の三一構造ではない。愛するものと愛されるものとは、別個の人格だからである。

わたしたちはここからさらに上って、人間に許される限り、いっそう高い所でこれらのものを尋ね求めなければならない。しかし、探究しているものを既に見出したと思うことがないように、ここでしばらく志向の働きを休ませよう。これは、あることを探究するのにふさわしい場所を見つけた人がそうするようにである。すなわち、既に見出されたのではなく、ただ探究する場所が見つかったにすぎないのである。わたしたちはいわばまず縦糸を並べて布を織っていくように、こう語ったことで満足しよう。（『三位一体論』Ⅷ・10・14）

ところで三位一体の教義は古代キリスト教会の最大の成果、もしくは実りであるが、単なる教義ではなく、キリスト教信仰の内的な生命についての体験でもあった。この点がこれまで十分に考察されてこなかった。これを初めて明確に説いたのはシュマウスであって、高く評価されなければならない。この内的な生命体験がなくなると、単なるドグマとなり、論理的整合性だけが問われることになりやすい。そうすると「三にして一」という論理的な矛盾が解けなくなってしまう。それに対して、生命的な統一は作用における統一であって、アウグスティヌスはこの作用を愛や自己認識や高度な知性的認識の三一構造から類比的に解明しようと試みたのであるが、そのような考察の背景にはさらに深い生命的な一致体験が認められる。これこそ神と人とが「一つの霊」となる合一体験である。「一つの霊」となる体験について彼は次のように語っている。

精神が究極的に神に寄りすがるとき、「しかし主に寄りすがる人は神と一つの霊となる」と使徒が証言しているように、一つの霊となるであろう。このことは神の存在・真理・至福の分有にまで精神が到達することによるのであって、神がその存在・真理・至福において増大することによるのではない。したがって精神が幸いにも神に寄りすがるとき、神の存在のうちに精神は永遠不変に生き、精神が観るすべてを変わることなく見るであろう。こうして聖書が約束しているように精神の渇望は良いものをもって、すなわち精神がその像である三位一体の神そのものによって満たされるであろう。(『三位一体論』XIV・14・20、『告白録』VII・11・17)

ここで「寄りすがる」というのは、神に対して絶対的に依存する信仰の動きを表明している。その結果、神と人とが「一つになる」ことが生じる。この一つとなる一体化が「神秘的合一」(unio mystica) と呼ばれる。このような経験は一般に「キリスト教神秘主義」の特質と言われる。しかし、このような表現をアウグスティヌスは使わないで、むしろ神秘的経験は「神の観照」(contemplatio Dei)、「神の直視」(viso Dei) によって一般的には示される。だが、その神秘的経験の内実は一体化によって語られる。

一般的に言って認識は時間上の過ぎ去る事物に関わっているかぎり、永続するものではなく、神の全き観照が成立するときまで続くにすぎない(『三位一体論』XIV・2・4)。永遠不変なのは知恵そのものであり、永続するのは神を観照する知恵の認識である。このように説きながらもアウグスティヌスは「最高の知恵は神であり、神の礼拝が人間の知恵である」と語っている(XIV・1・1)。彼は精神の三一的類似像全体を神に向け、神の本質である知恵に関与することを神の礼拝 (colere Deum) とみなし、知恵は神の礼拝であると彼は繰り返し語っている(『三位一体論』XIV・1・

1、『ヨハネによる福音書講解説教』XXVIII・28、『エンキリディオン』1・2)。そうすると神の認識は観照という高次の直観でのみ成立するのではなく、礼拝という行為のなかでも実現していることになる。これは観照の至福直観が終末において実現すると考えられたため、そこにいたる信仰の歩みのなかでも礼拝という形において神への関与が現に生じていると説かれるようになった。

したがって「記憶・知性・意志によって行なわれる礼拝は、一般に人間精神が神の像であるところの知恵の内実を制限している」(シュマウス)と言えるであろう。ここにも認識する人間の現実の存在が反映しており、礼拝という形式で知恵の内実が制限されているのも、現世における神の観照の不可能なことから生じているといえよう。現世では理性による神の観照はただ希望のもとにあり、信仰による神の礼拝こそ「人間の知恵」として強調されている。この礼拝によって神と一つになることを彼は「一つの霊(unus Spiritus)となる」というパウロの言葉によって先に語っていたのである。

これは確かに終末の完成時のことを述べた文章ではあるが、神への帰依は礼拝の基本行為であるから現在においても信仰によって可能であり、神と精神が一つの霊となるのも聖霊の愛のわざである(『三位一体論』XV・17・31)。それゆえ「聖霊によって神の愛がわたしたちの心のうちにそそがれ、神の愛によって全三位一体がわたしたちのうちに住まいたもう」(『三位一体論』XV・18・

32）。こうして神と人間との関係が神の愛によって神と一つになるため、カリタスの神秘主義とも、また三位一体とその類似像との間に成立するため「三位一体的神秘主義」（シュマウス）とも表現することができる。だが、このことは神の愛とそれに応答する信仰によって成立するキリストとの交わりが礼拝として重んじられ、この交わりによって信仰から理性へと認識が発展し、ついに「神の直視」という観照にまでいたる希望を与える。こうして「そそがれた神の愛」と「愛にもとづく信仰」と「信仰による神の観照の希望」という信仰・希望・愛を彼は『エンキリディオン』で組織的に論じ、次のように語って、ここまで考察してきた思想の全体を見事に要約した。

しかし、精神が愛によって働く信仰の発動により生気を与えられるとき、正しく生きることによって観照にまで到達しようと努めるのである。この観照において心の清く全き者たちは言語を絶した美を知り、その美の十全な直観が最高の浄福なのである。疑いなくこのことが「汝の求める最初のものと最後のもの」である。すなわち信仰に始まり観照によって完成する。そしてこのことはまた〔キリスト教の〕教義全体の要約なのである（『エンキリディオン』1・5）。

第9章　アウグスティヌスの現代的意義

アウグスティヌスは『三位一体論』で驚嘆に値する深淵的な思索を展開した。これによって彼はヨーロッパ精神史上最も偉大な思想家となった。そこで彼の思索の特質をあげておきたい。

(1) 内在と超越

まず、**神の像の探求**において、愛の現象を手がかりにしている点が重要である。愛の本性は、愛する対象に向かうと同時に、愛している自己に向かっており、さらに自己を超えて愛の根源である神に向かう。アウグスティヌスの説く「聖い愛」(caritas)は「神への愛」と「自己への愛」とを融合した統一体をなしているため、本質的には両者の間に矛盾や分裂は意識されない(アウグスティヌスのカリタスについて金子晴勇『愛の思想史』、知泉書館、45―53頁参照)。ここから二つの神の像の関連というきわめて困難にして重要な問題を説明することができる。すなわち、「**精神・自知・自愛**」の像は愛が求心的な動態にある場合で、自己内の関係に立っている。これに対し「**記憶・知性・意志**」の像のほうは愛の遠心的な動態を示し、自己超越の関係に立っている。この二重の動態は次の「アウグスティヌス的命法」の二重性に由来する。すなわち、彼は「外に向かうな、あなた自身の内に帰れ」と言い、自己が有限であることを自覚するなら、自己に内在する真理に向かって「あなた自身を超越せよ」と命じる（『真の宗教』39・72）。こうして自己の内において自己を超越するという内在的超越が「内―上」の図式でもって表明される。この図式は、二つの神の像における自己内関係と自己超越関係の二重性として示された事態であって、内的な人間の存在構造を明らかにしている。

（2）認識と愛

精神の認識作用の内に探求された神の像は別の形で一般化して、「**存在・認識・愛**」としても表現された。この三一構造の中でも、愛を認識にとって不可欠な要素として加えたことが最も顕著なことである。愛なしには精神は真理にも神にも向かうことができない。また信仰によって愛が清められていないなら、知性を神の観照に向けることは不可能である。このように愛と信仰とを認識の本質的要素として加えたことは、純粋に理論的なギリシア的観照（theoria）の立場から彼が遠くかけ離れていることを示している。ここにもキリスト教的人間観が反映している。

（3）プラトン主義の残滓

認識にカリタスの愛を加えたことはアウグスティヌスにプラトン主義を克服する道を拓いた。キリスト教の創造思想にしたがって彼は肉体や質料に完全な正当性を認め、神によって聖別された被造物全体の中で固有の役割をもつと考えた。それは彼の創造思想に明らかである。神の像と似姿にかたどって人間が創造されたとき、精神と身体は「種子的理念」（rationes seminales）としてまず創造され、それに同時的に続いた創造によって土と神の息による人間が誕生した。こうして地上的存在である人間が創造者なる神に惹かれるのは、物体的なものにさえ形相の美と神の痕跡が発見できるからである。しかし、それを見出すためには、人間には恩恵による神の照明が必要である。このような「種子的理念」というストア的な概念はプロティノスを経由してアウグスティヌスに受容された。それゆえ修正されたとはいえ、彼の思想の中核には、紛れもなく新プラトン主義の体系が潜んでおり、それはウィクトリヌスとアンブロシウスの影響や、彼が直接読んだポルフィリオスなどのプラトン主義者たちの書物に由来する。だが、この体系には重大な修正が加えられて、ギリシア教父たちのキリスト教的プラトン主義とは異なった方向に発展したことも確かである。こうしてアウグスティヌスは、グノーシス派の二元論やペラギウス派の禁欲的道徳主義という両極端に陥る危険を避けることができた。

（4）「神の像」についてのアウグスティヌスとルターの相違

アウグスティヌスの三位一体の教説　なかでも神の像についての教説は中世を通して大きな影響を及ぼした。しかし、宗教改革者ルターはその教説を認めながらも、注目に値する評価を行っている。その批判は神の像を直接的に人間の認識作用の中に捉えようとしたことに向けられた。

ルターによるとアウグスティヌスは「魂の能力」（potentia animae）をアリストテレス的区分に従って「記憶・精神もしくは知性・意志」（memoria mens vel 1ntellectus, et voluntas）の三つの機能に分け、それが三にして一なる「神の像」であると説き、他の教会の博士たちもほとんどこれに従っている。そしてこの像はすべての人の中に存在しており、この人間のうちなる自然に内在する神の像は「恩恵の賜物」によって完成されて神の似姿（similitudo Dei）にまで達する。彼らは「自然は恩恵により完成される」（naturaram perfici per gratiam）と説き、「だから、神の似姿（similitudo Dei）は記憶が希望により満たされ、知性が信仰により満たされ、意志が愛により満たされることから成立する」と言う。だから、人間が精神や記憶や意志をもっている事実は神の像へと創られていることを示し、知性が信仰により照明され、記憶が希望により確信し、意志が愛により飾られているのは人間が神の似姿へと創られていることを示すと彼らは主張する（ルター『ワイマール版全集』WA. 45・1–17）。

しかし、ルターはスコラ神学で通説となっている意味で像と似姿との関係を「自然的賜物」(dona naturalia）と「超自然的賜物」（dona supernaturalia）の関係と見ることはできないと批判する。彼はアウグスティヌスとそれに従う教会博士たちの議論は「不愉快なるものではない思弁」（non uniucundae speculationes）として一応認める。しかし、その有効性については疑問を提出する。とくに「この像からその起源をもつ自由意志についての議論」は誤った結論を導き出していると彼は考えて、次のように言う。「わたしたちは記憶・意志・精神を確かにもっている。しかし、それらはひどく壊敗し極度に弱体化している。いや、もっとはっきり言うなら、全くの壊疽《えそ》と不潔の状態にある」（前掲全集46・5f）。これはルターの主張する自然本性の全き壊敗を意味し、それらを積極的に論ずることは無意味であると批判する。

確かにアウグスティヌスも原罪によって理性も意志も壊敗したことを認めているが、それでも理性や意志の機能をその本来的な姿において考察する。この態度は哲学的な可能性に立った議論であるが、神学的には理想主義的傾向を示している。これに対しルターは現実主義的であり、人間的現実の「経験」に根ざしながらも、この現実に向けられた神の言葉、神の啓示に基づく現実主義と言うべき立場を主張する。実は、アウグスティヌスも神の像を具体的愛の経験的現象の分析から考察しはじめたが、精神の認識能力を本来的な仕方で検討したのに対し、ルターは現実の人間の具体的生き方の実質から神の像を見ようとする。それも現在の生の否定的事実からその本来的生を推論することによって捉えようとした。

「それゆえわたしは神の像を次のように理解する。すなわちアダムは神の像を自分の実体のうちにもっていた。そして神を知り、神が善であることを信じたのみならず、全く神的な生を生きた。すなわち、死とあらゆる危険との恐怖がなく、神の恩恵に満ち足りていた。それはちょうどエバの場合に明らかであって、彼女は、わたしたちが小羊や犬に対するように、全く恐怖をもたずに蛇と語った。またそれゆえに、もし戒めが犯されると、神は「あなたがこの木からとって食べる日にはいつでも、あなたは必ず死ぬであろう」（創世記2・17）という罰を科している。神はあたかも次のように語っておられるごとくである。あなたがたは今安心して生きていて、死を感得しないし見てもいない。これがわたしの像であり、それによってあなたがたは、神が生きるように生きる。もしあなたがたが罪を犯すならば、この像を喪失し、死ぬるであろうと」（ルター同全集 WA. 47・8–17）。

ルターは神の像についてまず「アダムは神の像を自分の実体のうちに（in sua substantia）もっていた」ことを認める。しかしこの神の像は超自然的賜物ではなく始原の生において自然本性として授けられていた。アウグスティヌスはこの実体を精神として捉えて、神へ向かう認識作用を分析し、精神の一実体のなかに三つの作用を捉えることによって三位一体の像を探求した。それに対しルターはこの実体を生命として捉え、死の恐怖のない、神の恩恵のうちなる、全く神的な生活のなかに神の像を把握した。彼は言う、「これがわたしの像であり、それによって神が生きるようにあなたたらも生きる」（Haec est imago mea, qua vivitis, sicut Deus vivit）と（詳しくは金子晴勇『ルターの人間学』創文社、95–107頁参照）。

（5）聖書解釈の相違

アウグスティヌスは『キリスト教の教え』で「もの」と「しるし」について明瞭に説き明かした。たとえば「もの」を定義して「ものはあっても自分のほかに何かを示さない」(アウグスティヌス『キリスト教の教え』I・2・2)とし、それに対して「しるし」、つまり「ものそのものよりも、むしろしるしとしてのもの」は「指示機能をもつもの」であって、「しるし (signum) はあるものを指し示すために (ad significandum) 用いられるものである」(前掲書、I・2・2)と言う。この指示機能には次の三種類の働きがある。

(1)「しるしとはものが感覚 (sensus) に刻印した像 (species) の外に、あるものをおのずと考えさせる (in cognitionem venire) ものである」(前掲書、II・1・1)。たとえば「足跡」を見れば、その足跡の主《ぬし》である「動物」が通ったと考えられる。だが「しるし」は(a)「自然的なもの」(naturalia) と(b)「与えられたもの」(data) に分けられる。

(2)(a)「自然的なしるしは、それ自身のほかに、それ自身とは異なるものを示すいかなる意図も願望もなしに、それだけで、わかるようにする。火があることを示す煙のように」。要するにしるしは単なる「信号」や合図といったシグナルである。

(3)(b)「確かに与えられたしるし (data signa) とは、生けるものができるかぎり、何であれ、彼らが感じたもの(sensa)と彼らが理解したもの(intellecta)とか、彼らの精神の働き(motus animi sui)を、互いに示すために与えるものである」。したがって「しるしを与えるとは、しるしを発信する人が心に抱いていることをとり出して、他者の心の中に移し入れることに他ならない。……聖書に載せられている神によって与えられたしるしにしても、しるしを書き記した人々がわれわれに報告したものだからである」（前掲書、II・1・1–2・2・3）。したがってしるしは言葉となって、思想を他者に伝えるコミュニケーションの手段となる。その作用は他のものを考えさせる「指示するもの」として何かの意味を告げる象徴にまで発展することができる。

これら「しるし」の三つの機能のうち「その思考内容を外に表した記号」はほとんど「言葉」からなっているため、「しるしはすべて言葉で表すことができる」。この言葉は「話された言葉」を長くとどめるために「文字による言葉の記号」が案出され、声が記号化されるようになった（前掲書、II・3・4–4・5）。こうして聖書が生まれたが、表現の不明瞭性と多義性が問題となり、聖書解釈の問題を引き起こした。

その際、彼は聖書の字義的解釈と比喩的解釈とを区別したが、転義的解釈は比喩的解釈に属すると考えた。したがって彼は基本的に次の二つの意味を区別している。

(1) 本来的（proprie）、字義的（ad litteram）

(2) 転義的（translate）、比喩的（figuratus）、霊的（ad spiritum）、神秘的（mystice）

この区別はそのまま後代に伝わったが、中世では聖書の「四重の解釈法」に見られるように「転義的」と「比喩的」とが区別されるようになった。

このようにアウグスティヌスはすべての記号を「原義的」と「転義的」に二分し、「原義的」を「本来的」つまり「字義的」として規定した。また「転義的」は「神秘的」であるとも主張し、数字が隠された意味をもっている点を聖書・音楽・異教文学で説き明かした（『キリスト教の教え』2・16・25―27）。

(6)「転義」の理解の問題

ところがルターでは転義的な解釈が「道徳的解釈」の意味で使用されたため、主体的で実存的な意味が求められるようになった。ここから両者の解釈の特質も明らかになる。

ルターにおける転義的解釈の特質　ルターは『第一回詩編講解』の序文のなかで中世において発展してきた聖書解釈の方法を詩編に適用し、人間の在り方を聖書の転義的解釈によって捉えている。伝統に従ってルターは詩編をキリストを示す預言と考え、預言的・文字的意味はキリストをめざしているので、詩編を単に歴史的意味に限定する場合にはその意味が失われる、と言う。そこでキリストを語っている詩編の理解は次のようになる。つまり字義的には（ad literam）イエス・キリストの人格について予言的に解釈し、比喩的には（allegorice）教会を意味し、「同じことは同時に転義的にすべての霊的にして内的な人間に関して、その肉的にして外的な人間との対立において、理解されなければならない」（Idemque simul trpologice debet intelligi de quolibet spirituali et interiori homine; contra suam carnem et exteriorem hominem. WA. 3, 13, 16f.）と説いている。したがって、詩編講解においてルターは字義的にはキリストを転義的には人間（つまり内的人間と外的人間との葛藤の直中にある人間）を指すものとみなし、キリストの出来事を転義的に解釈した。したがって詩編の言葉は「文字的には敵なるユダヤ人たちから受けたキリストの悲嘆である。比喩的には暴君や異端者から受けた教会の悲嘆と告発である。だが、転義的解釈（tropologia）では試煉の中で発せられた信仰者と痛める霊との悲嘆もしくは祈りである」（WA. 3, 13, 28ff.）という。この転義的解釈の規則について次のように語られる。

「実際、転義的解釈には次の規則がある。キリストが詩編の中で文字通り身体的苦痛にとって大声で嘆き祈っているところではどこでも、その同じ言葉の下でキリストにより生まれ教えられたすべての信仰あるたましいが嘆き祈っていて、自己が罪へと試煉に遭って頽落しているのを認めている（in peccatum se tentatum vel lapsum agnoscens）ということである」（WA. 3, 167, 21ff.）。

このようなキリスト論的で同時に転義的な詩編解釈がルター神学の出発にとって重要な意義をもっている（E. Hirsch, Initium theologiae lutheri, 1950, in: Der Durchbruch, S. 93f., K. Holl, Luther, S.546, E. Vogelsang, De Anfänge von Luthers Christologie, S.27, G.Ebeling, Die Anfänge von Luthers Hermeneutik, in: Lutherstudien Bd.I, S. 65f.）。しかも中世において転義的解釈が「道徳的には、あなたが行うべきこと」（moraliter, quod agas）という道徳的当為を問題にしているのに対し、ルターにおいては神の前における人間の在り方が問われ、主体的にして宣教的意義が転義的解釈により説かれた（R. Prenter, Der barmherzige Richter, S. 121）。そこにはエーベリンクが言うように、「神の行為と実存の自己理解とが分離しえない相関関係に立っている」（G. Ebeling, op. cit.,S. 65f.）といえよう。

この転義的解釈が「神の義」についてもキリスト論的に解明されることによって、宗教改革的「神の義」の新しい認識にルターは達しているのであるから、この解釈の意義が重大である。たとえば転義的解釈を示す代表的なものは詩編31・9の講解において次のように語られている。「〈主よわたしを憐れみたまえ〉（31・9）。この節から続く十二節は転義的には戦慄している良心（trepidans conscientia）と自己の罪を認めている者との美しい祈りである。〈主よ、激しい憤怒をもって〔私を責め〕たもうな〉と祈る詩編第六編も全体としてこのような性質のものである。

実際、転義的解釈（tropologica）には次の規則がある。キリストが詩編の中で文字通り身体的な苦痛によって大声で嘆き祈っているところではどこでも、その同じ言葉の下でキリストにより生まれ教えられたすべて信仰深い魂（omnis fidelis anima in Christo genita et erudita）が嘆き祈っていて、自己が罪へと試煉に遭い、罪に堕ちているのを認めている、ということである。なぜならキリストは今日に至るまでわたしたち自身において唾棄され、殺害され、鞭打たれ、十字架につけられているから」（WA. 3, 167, 21 ff.）。

このような解釈法の相違がアウグスティヌスとルターとの聖書解釈の相違をもたらしたといえよう。

書簡一七四　アウレリウスへの手紙（『アウグスティヌス著作集「書簡集」』Ⅱ）

もっとも祝福された主人にしてもっとも誠実な愛によって尊敬すべき聖なる兄弟であり、同僚司祭である司教アウレリウスへアウグスティヌスが主にあって挨拶を送る。

わたしは至高にして真実なる神でありたもう三位一体についての書物を青年として書き始めましたが、老年になって出版しました。実際、わたしが意図したとおりにそれを完成させ、再考したものを磨きをかける前に、わたしから誰かがそれを奪い取ったか、あるいは盗み出したとの知らせを受けてからは、わたしはこの仕事を放棄していました。こうした理由でわたしは〔各巻ごと〕個別的にではなく、すべてを一度に出版しようと決めておりました。というのは考察が進展するに応じて続く巻が先行する巻と結び付いておりましたからです。ですから、わたしが願っていたよりも前にあの著作の幾つかの巻を入手することができた人たちのために、わたしの計画は実現できませんでしたので、わたしは口述するのを中断し、放棄しました。そのときそれらの諸巻がわたしによって出版されたのではなくて、わたしが出版しても良いと考える前にわたしのところから運び去られたことを分かる人には分かるように、わたしは自分の著作のいくつかでこの事実を訴えようと思いました。しかしながら多くの兄弟の熱烈な要請によって、とりわけあなたのご命令によって強いられて、この真に苦労に満ちた作品を神の助けによって完成させるように尽力しました。そして、すでに窃取されて人の手に渡ってしまった原稿によって非常に意見の相違を来すことがないようにと、わたしが願ったようにではなく、可能であったように、修正を施した同書を、最愛の息子である同僚助祭（クレシムス）によって貴下のところに送りました。またわたしはこの書が誰によっても聞かれ、読まれ、写される許可を与えました。その諸巻においてわたしが自分の計画を実現できたとしたら、それらは同じ思想であったとしても、そんなにも重要な論題を説明する困難に対してわたしたちの能力が許すであろうかぎり、確かに不明瞭なところは少なく、読むのにずっと容易であったことでしょう。

ところで最初の4巻か5巻を序文なしにもっておられる方がいるし、第12巻を終わりの部分——それは短いものではない——を欠いたままでもっておられる方もいます。そうすると修道士のなかには最終巻の結論部分のない原稿を盗んだ者がいると考えられます。しかし、彼らがこの版に親しむようになれば、彼らがそう欲し、かつ、そうなし得るなら、すべてを改善することになるでしょう。この手紙を同書と切り離してでも、その巻頭に置くようにお命じくださるようお願いします。わたしのためにお祈りください。

［付属資料2］

書簡一二〇　コンセンティウスへの手紙、三位一体について

解説　スペインの東岸にあるバレアレス群島出身のコンセンティウスは410年にアウグスティヌスに対しさまざまな神学問題を尋ねてきた（書簡一一九参照）。そこでアウグスティヌスは三位一体について提出した問題に対して答えた。

アウグスティヌスはこの問題について語り合うために自分を訪問するようにコンセンティウスに促す（1）。彼はコンセンティウスに信仰や理性を軽蔑すべきでないと忠告する（2）。そして救済に関する問題では信仰が理解に先行すべきであると指摘する（3）。もちろん使徒ペトロはわたしたちが信仰と希望について説明しなければならないと警告してはいる（4）。とはいえ理性的な説明ができない幾つかの神秘が存在する（5）。真の理性は理解することを愛するように導くし、信仰は精神が真に理解するように準備する（6）。

わたしたちが物体的な事物と親しんでいるがゆえに、神を非物体的に考えることは困難であ

る、とアウグスティヌスはコンセンティウスに警告する(7)。彼は理性と信仰の関係を論じ、信仰者は現在のところただ信じることができるものを見ようと欲しなければならないと主張する(8)。わたしたちは過ぎ去った出来事を信じることしかできないが、たとえば復活のように、見たいと希望するので、それが目に見える出来事として到来することを信じる。目に見えない実在は、それが理解されるとき、見られる(9)。わたしたちは、たとえば復活したキリストの身体のように、現在のところ目に見える実在が何か継続しているのを信じている。わたしたちはそれをわたしたちの復活した身体の目で見ることを希望する(10)。

アウグスティヌスは目に見える三種類のもの、すなわち物体・物体の像や似姿・物体でも物体の似姿でもないものを区別する(11)。三位一体は正義や愛のようなわたしたちの精神的素材ではないので、第三の実在に属していないように思われるであろう(12)。アウグスティヌスはコンセンティウスに一にして三である神を信仰し、三位一体について考えるときに浮かぶどんな像をも精神から追放するように勧める(13)。彼は、神が全体として至る処に存在するのに、神は天にいるという意味について論じる(14)。そしてキリストの昇天した身体が父なる神の右手に座していることを身体的な意味で考えないように警告する(15)。

彼はコンセンティウスに、神性が父と子に共通の性質であるように考えて、神性が至る処に偏在するにのに、父なる神が三位一体の一つのペルソナとして天にいるという見解を退けるように警告する(16)。彼は三位一体の神性が一つの性質であることはできず、三位一体の実体でなければならないと説明する(17)。それから彼はコンセンティウスが神を義のような存在であると考えるとき、義を生命のないものとみなしている問題点をとりあげて論じる(18)。むしろ彼は、神がそれ自身生きている義であって、恒常不変的であると主張する(19)。神の義はわたしたちの義よりも遥かに優れており、わたしたちにおける義は魂の美であり、わたしたちの魂は神の像に造られている(20)。

最愛の兄弟にしてキリストの心でもって尊敬すべきコンセンティウスにアウグスティヌスが主にあって挨拶を送る。

第一章　一　あなたの書物の中でわたしはあなたの才能を見てたいへん喜びましたので、あなたがわたしたちのところにお出でくださるようにお願いしました。そこでわたしが願ったことは、あなたにとって必要と思われる、わたしたちの幾つかの小さな論文を、わたしたちから離れたところに居られてではなく、むしろわたしたちがいるところで読んでいただきたいということです。それはあなたが恐らくよく理解していなかったことを直ぐその場で、何の困難もなく、尋ねることができるためです。また、わたしたちとの話し合いや討論によって、主がわたしたちに示し、あなたに把握することを授けてくださるかぎり、あなたの書物で改善すべきことを、あなたご自身が知って改善するためです。あなたは確かにご自分の考えを表現できる能力をおもちですし、真理を感知するに適した誠実さと謙虚さをおもちです。また現在でもわたしは同じ意見でして、あなたはそれを嫌ってはいけません。ですから、わたしは少し前に、わたしたちが苦心のあげく書き上げましたものをお手許においてお読みになり、あなたを困らせた箇所に印を付け、それを携えてわたしのところにお出でになり、その一つ一つについて尋ねるように忠告しました。あなたがまだそのように為されないことを為さるようにお勧めします。あなたが一度でもそれを試み、わたしには困難であるのを見いだされたのであれば、あなたがそう為さるのを恥ずかしくなり、不愉快になるのは当然です。また、とても欠陥の多い写本のゆえにあなたが〔お読みになるのに〕お疲れになったことをあなたから聞いたときに、わたしは他の写本よりも改良されたことが分かる、わたしたちの〔手元にある〕版でお読みくださるようにと申し上げておきました。

二　しかし、あなたはわたしが三位一体の問題を注意深く、かつ、慎重に探求するようにと嘆願しておられます。それは神性の統一とペルソナの区別の問題でして、現在のところあなたが想像できないことを、わたしが知性の光によって解明した後に、ご自分の目でもってある程度見ることができるように、あなたの仰るところによると、わたしの学識と才能の明るい光があなたの精神から霧を払いのけるためです。あなたのこの嘆願があなたの先の確信と一致しているかどうか検討してください。確かにあなたは先にこの嘆願をなさったと同じ手紙のなかで、真理は理性よりも信仰によって把握されるべきである、とご自分で明確に定めたと語っておられます。あなたは次のように仰います。

「というのは聖なる教会の信仰が理性的な討論によって理解されるのであって、敬虔な信仰によってではないとすると、哲学者や雄弁家のほかにはだれも至福を所有しえないでしょう。しかし強者を狼狽させるためにこの世の弱者を選んだ神は、宣教の愚かさによって信じる者を救うことを喜びとしたもうたがゆえに、理性が求められるのではなく、聖人らの権威に従うべきです」(『書簡』119・1)。

それゆえ、あなたのこれらの言葉にもとづいて、とくにわたしたちの信仰を成り立たせているこの問題に関して、あなたは聖人たちの権威にだけ従うべきではないかどうか、またそれを知的に理解するためにわたしから理性的な根拠を尋ねるべきでもないかどうかを考えてみてください。なぜなら、わたしが何らかの方法によってこの大いなる秘儀に対する理解へと導入し始める場合には（神が内的に助けてくださらないなら、わたしは全くそれを行ないえないでしょう）、わたしにできる範囲で理性的な説明をするほかには何も論じるに当たってなさないでしょうから。そしてもしあなたがわたしから、あるいは任意の教師から、あなたの信じていることを理解したいと不当でない仕方で切望なさるならば、あなたが決めた態度を訂正してください。それはあなたの信仰を否認するためではなく、確固とした信仰によってすでに保持していることを、理性の光によってあなたが認識するためです。

三　つまり神がそれによってわたしたちを他の動物よりも卓越したものにお造りになった当のものを憎んでおられるなどということは絶対にありません。理性的な根拠を受け付けないとか、探求しないという仕方で、わたしたちが信じることなど断じてない、とわたしは主張します。なぜなら、わたしたちが理性的な魂をもっていなければ、信じることもできないからです。それゆえ、わたしたちが理性によって未だ把握していないが、いつかは把握するようになる、救済の教えに関係している問題では、信仰が理性に先行しています。この信仰によって心が清められ、大いなる理性の光を捉え、伝えるようになります。このことは疑いなく理性の求めていることです。ですから「あなたがたが信じないなら、理解しないでしょう」（イザヤ書7・9、七〇人訳）と預言者によって語られていることは理に適っています。この言葉で預言者は疑いの余地なくこれら二つのことを区別し、信じたものを理解するためには、先ず信じなければならないと忠告しています。それゆえ信仰が理性に先行することは、理に適っていると思われます。もしこの忠告が理に適っていないとすれば、不合理となりますから。だが、そのようなことは絶対にありません。そこで、もしまだ把握されることが不可能な何らかの偉大な真理に対しても、信仰が理性に先行することが理に適っているなら、このことをわたしたちに説得する理性がどんなに小さくとも、その理性自身が信仰に先行していることは疑いの余地がありません（信仰が理性に先行することについてアウグスティヌスは多くの箇所で言及しているが、ここではそれと並んで、信仰の可信性について理性の先行性を認めている。この点に関して金子晴勇『アウグスティヌスの人間学』創文社、122－123頁を参照）。

四　そういうわけで使徒ペトロは、わたしたちが信仰し希望を懐いている理由を問うすべての人に答えるように準備すべきである、と勧告しています（Ⅰペトロ3・15）。というのは、もし信じていない人がわたしが信仰し希望を懐いている理由を尋ね、彼が信じる前にはそれを把握できないことがわたしに分っている場合、信仰する前に彼が把握できない事柄の理由を求めることがどんなに順序を転倒させているかを、もし可能ならば、彼が分かるような説明を与えます。しかし、もし信じている人が、信じていることを理解するために、その理由を求めるならば、その人の理解力が考慮されなければなりません。それは彼の理解力に応じてその説明が与えられるとき、理解力が大きければより多くを加え、それが小さければ少し加えることによって、できるかぎり彼の信仰の理解を引き出すためです。とはいえ彼が認識の充実と完成に到達するまでは、信仰の歩みから離れさせてはなりません。それゆえ使徒は次のように語っています。「しかし、あなたに何か別の考えがあるなら、神はそのことをも明らかにしてくださいます。いずれにせよ、わたしたちは到達したところに基づいて進むべきです」（フィリピ3・15—16）と。ですから、もしわたしたちがすでに信じているなら、信仰の道に到達するでしょう。またもしわたしたちがこの信仰の道を放棄していないならば、現世においてすべての人によっては把握できないほどの、非形態的で恒常不変な事物の大いなる理解に達するばかりか、また使徒が「顔と顔とを合わせて見る」（Iコリント13・12）と言う観照の頂点に疑いなく到達するでしょう。というのはある人たちは、取るに足りない者たちでさえも、信仰の道を大いなる堅忍によって歩んで、あの至福な観照に到達していますから。しかし他の人たちは目に見えない、恒常不変な、非形態的な存在が何であるかを、ともかくも、すでに知っており、またあんなに大きな至福の住まいに導く道を、それが彼らには愚かに想われたので、保持し続けることを拒絶しています。その道は十字架に付けられたキリストです。ですから彼らはあの休息の内奥に到達することができません。彼らの精神は、遠くまで放射する光のように、そこから来る光によって射すくめられておりましても。

五　しかしながら、わたしたちがそれについて聞いていても、それに信仰を適用できないような事柄があります。だが、わたしたちにその理由〔理性的説明〕が示されると、わたしたちが信じることができないことが真理であると認識します。また神の奇跡はどれもその理由が分からないため、信仰のない人たちによって信じられていません。そして真に理性的説明が示されえないものが幾つかありますが、それにも理由がないわけではありません。実際、理性に反する仕方で神が創造したものが自然世界には何かあるでしょうか。神の驚嘆すべきわざのあるものには、その理由がさしあたって隠されているほうが有意義なものがあります。それは嫌気がさして眠ってしまっている精神のもとではそのことの理由を認識することによって彼らがだめにならないためです。というのは事物についてその原因を認識するよりも事物を称賛することによって捕われている人たちがいますが、それも多数いるからです。この場合には奇跡が驚くべきものであるのを止めています。彼らは見える奇跡によって見えないものに対する信仰へと燃え立たせられなければなりません。こうして彼らは愛によって清められ、真理に対し親しい関係に立つことによって驚嘆するのを止めるところにまで到達しなければなりません。なぜなら人々は劇場の中で綱渡りする人に驚嘆し、音楽家を喜んでいますが、前者によって不可能なことに仰天し、後者によって音響の快適さが彼らを捉え、喜ばせるからです。

六

わたしがこれらのことを言いたかったのは、真の理性が導き、信仰が精神を備えている、認識に対する愛に向けて、あなたの信仰を鼓舞するためです。なぜなら理性は、神なる三位一体において御子が御父と等しく永遠ではなく、別の実体をもち、聖霊もある点で御父に似ておらず、したがって劣っていると説得したのですが、同様に、理性は御父と御子が全く同一実体であるが、聖霊は別の実体であると説得したからです。このような理性は、それが理性であるからではなく、間違った理性であるがゆえに、用心し、拒絶すべきであると、主張しなければなりません。というのは理性が真なるものであるならば、確かに誤謬を犯さないからです。それゆえ間違った会話があるからと言って、あなたがすべての会話を避けるべきではないように、間違った理性があるからと言って、すべての理性を避けるべきではありません。同じことをわたしは知恵についても言いたいです。間違った知恵があるからと言って、知恵が避けられるべきではありません。キリストは神の力と知恵であるのに（Ｉコリント1・24）、間違った知恵は十字架に付けられたキリストを愚かであるとみなしています（同1・18）。またそれゆえ、この宣教の愚かさでもって神は、信じる人を救うのをお喜びになりました（同1・21、25）。しかし、このことは真理の道ではなく、真理に似ている道を追及している哲学者と弁論家のある人たちやその道によって自分自身と他の人たちを欺いている人たちには、納得させることができませんでした。しかし彼らの内のある人たちには、納得させることができました。そして納得した人たちには十字架のキリストは、躓きの石でも愚かでもなかったのです。なぜなら彼はユダヤ人やギリシア人と呼ばれている人たちの間においても神の力であり、神の知恵なのですから（同1・24）。そのような道において、つまり十字架に付けられたキリストに対する信仰によって、神の恩恵を通してキリストの正しさを把握できた人たちは、たとえ彼らが哲学者や弁論家と呼ばれていようとも、疑いなく謙虚な敬虔によって、彼らを先導した漁夫たちのほうが、その堅固な信仰の勇気によってだけでなく、また確実な真理認識によっても、遥かに卓越していたと告白しました。なぜなら彼らが強者や賢者に恥をかかせるためにこの世の愚者や弱者が選ばれたことを学んだとき（同1・27）、また自分たちの知恵が虚偽であり、自分たちの力が弱いことを認めたとき、彼らは救いに役立つ仕方でもって恥をかかされ、愚か者にされ、弱いものとされたのです。それは彼らが人間よりも賢く力強い神の愚かさと弱さを通して、選ばれた愚者と弱者の間にあって、真実なる知者とよく働く強者となるためです。

第二章　七

しかし信仰的な敬虔はただもっとも真実なる理性を重んじます。それは、人間的な思いの弱さが目に見えるものとの馴れ合いから心のうちに造り出そうとする一種の偶像を、わたしたちが疑いなく投げ倒すためです。また、それはわたしたちが目に見えない非形態的で恒常不変なものとして崇めている三位一体を何か三つの生ける固まりであるかのように大胆に信じないためです。生ける固まりと言いましたが、それらは非常に大きく美しいとはいえ、それぞれの固有の広がりによって境界づけられており、それぞれの場所において親族関係によって境を接しながらともに結ばれております。それらの一つが中心に場所をとり、それに結びついていた二つを自分からそれぞれ分離させようと、三角形のように配置されて、他のどれからも分けられないように、各々が他の二つに接しているに違いはありません。また、それらの三つの偉大にしてすばらしいペルソナがきわめて壮大な固まりではあるにしても、その頂点において、その根底において、至るところにおいて、境を接しており、第四のものとして一つの神格をもっているが、三つのうちの一つのようにではなく、それらすべてに共通の万物の神性として存在し、すべてにおいても個別においても全体としてあり、この一つの神格のゆえに同じ三位一体が一人の神と呼ばれると、わたしたちは大胆に信じません。さらに、その三つのペルソナが天においてのみ存在するが、あの神格はどこにも不在ではなく、至るところに現臨するとも、わたしたちは大胆に信じません。したがって至るところに存在し三つの共通である神格のゆえに、神が天にも地にも存在すると正当にも主張されているが、三位一体はその座を天においてだけもっているがゆえに、御父や御子や聖霊が地に存在するというのは不当な主張であるとも、わたしたちは大胆に信じません。真実なる理性がこのような肉的な思想による創作物と空しい虚構を破壊しはじめるとき、そのような偶像と一緒になってわたしたちの心に宿ることを欲しないお方の内的な援助と照明によって、直ちにわたしたちの信仰からそれらの偶像を打ち砕き、ふるい落とすように急ぎましょう。それはそのような幻想物の塵芥がそこに残ることを許さないためです。

八

それゆえ敬虔をもってわたしたちを着飾らせるために信仰がわたしたちの心中において理性的な討論に先行しなければなりませんでした。この討論によってわたしたちは外的に促され、内的に真理そのものによって照明されて、こういう考えが誤謬であることを認識するのです。

もしそうでないなら、わたしたちが真理を聞いても無益ではないでしょうか。したがって信仰がそれに所属していることを行なったがゆえに、理性はそれに合わせて歩み、信仰が求めていたものの何かを見いだすのです。ですから、わたしたちは誤謬に陥った理性よりも、それによって信じているものを理解する真実な理性のみならず、まだ理解していない事柄に対する信仰そのものをも、疑いの余地なく、より高く評価しなければなりません。というのは間違っているものを真理であるとみなすように考えるよりも、まだ見ていなくとも、真なるものを信じるほうが優っているからです。実際、信仰はそれ自身の目をもっており、これによってまだ見ていないものを真理であると何らかの仕方で判断し、自分が信じているものをまだ見ていないと、きわめて確実に洞察します。しかし前には単に信じていたものを今や真実な理性によって理解している人は、信じていることを今なお理解しようと願っている人よりも確かに優先されるべきです。しかしながら彼が理解しようと願ってもおらず、理解されるべきものが信じられるべきだとだけ考えるなら、信仰がもたらす利益を彼は知っていません（「信仰がもたらす利益」とは直訳すると「信仰が役立っている事態」のことを言う）。なぜなら敬虔なる信仰は希望と愛が伴われないのを欲しないからです。ですから信仰する人は、見ることを希望し愛するという仕方で、まだ見ていないものを、信じなければなりません。

九　そして時間的に過ぎゆく過去の事柄にはただ信じるということしかないのです。なぜなら、わたしたちはそれらをもう一度見ようとは望まないで、それらが生じても過ぎ去ったと信じるからです。同様にキリストもわたしたちの罪のためにひとたび死にたまい復活したもうて、もはや死ぬことなく、死は彼を支配しないでしょう（ロマ6・9―10、Ⅰペトロ3・18参照）。しかし、わたしたちはまだ存在しないが、これから起るであろうこと、たとえばわたしたちの霊的身体の復活を、わたしたちがそれを見たいと望むような仕方で信じています。とはいえ、わたしたちはそれを指し示す仕方では決して為すことができません。だが過ぎ去ることも、将来生じることもない、永遠に存続するものは、正義や知恵のように、ある面では見えないものですが、今や不滅となったキリストの身体のように、他の面では見えるものです。しかし見えないものも理解されるときには、明らかに知られており、このことのゆえにそれ自身もそれに適合した仕方でもって見られています。そしてそれが見られる場合、身体的感覚でもって捉えられるものよりも、その確実性は遥かに高いのです。とはいえこの死すべき目によっては全然見られ得ないがゆえに、それは「見えないもの」と呼ばれています。他方、目に見えていながらあの永続するものは、もしそれがわたしたちに提示されるならば、死すべき者の目によっても見られることが可能です。同じように主は復活後に弟子たちに（マタイ28章、マルコ16章、ルカ24章を参照）また昇天後は使徒パウロ（使徒9・3―4・27参照）と助祭ステパノにご自身を示されました（同7・55参照）。

一〇　それゆえ、わたしたちは目に見える永続的なものを、明らかに照明されなくとも、いつかはそれを見るように望むがゆえに、信じています。また、わたしたちはそれが見えるものであるがゆえに、目に見えないものからいっそう区別して考える以外には、理性や知性によってそれを把握しようとは試みません。そして思考においてそれがどのようなものであるかと想像するとき、わたしたちにはそれが知られていないことを充分に知っています。というのも、わたしには未知のアンテオケについて考えるのと、わたしによく知られたカルタゴについて考えるのとは相違しているからです。実際、わたしの思考は前者のヴィジョンを心の中で描きますが、後者のヴィジョンは再考するのです。わたしは前者について多くの証人を信じ、後者については自分の観察を信じていることには疑いの余地が全くありません。しかし正義や知恵やこの種のものをわたしたちが想像するのと思考で捉えるのとは相違しています。だが、わたしたちはこの目に見えないものを、何らの形態的な形や分量なしに、それを形づくっている部分の輪郭や形姿なしに、有限的な拡がりにせよ無限な拡がりにせよ、何らかの空間的な規定なしに、純真な精神や理性の有する知性的な凝視によって把握するのです（「知性的な凝視」とは intentio intellecta の訳である。それは知性的な直観を言う）。わたしたちは光自身によってこれらすべてを判断し、光にもとづいて、わたしたちが認識しなくとも信じているもの、わたしたちが認識されたものとして保持しているもの、物体の形相として想起するもの、思考によって表象するもの、身体的感覚が触発するもの、精神が物体のように想像するもの、確実であっても物体とは全く似ていない知性によって観照されるもの——これらはわたしたちに十分に明らかになります。したがって、それによってこれらすべてが区別されるこの光は、太陽や物体的な光の輝きのように空間的な広がりによって至るところに注がれるのでも、またあたかも目に見える光沢のようにわたしたちの精神を照明するというのでも全くなくて、不可視的に表現を超えた仕方で、だがそれでも理解できる方法で輝き、この光にしたがってわたしたちが見るものをすべて確実なものをわたしたちに確実に創り出すほどに確かなのです（この種の叡智的な光による認識は**照明説**（illunination-theory）と呼ばれる）。

二　したがって目に見える事物は三種類あることになります。第一の種類は物体的事物であって、この天とこの地、また天地において身体的感覚が知ったり触れたりするすべてのものです。第二の種類は物体的なものに似た存在です。それはたとえば霊〔の構想力〕によって考えられたもののように、想像されるものですし、わたしたちが直に見る物体のように、想起されるものであれ、忘却したものであれ、思考された対象として表象されるものです。その中には夢においてて、あるいは精神の離脱状態にあって、あたかも広がりのある大きさをもって告知されるような、諸々の視像も含まれます（アウグスティヌスでは「霊」〔spiritus〕という用語がキリスト教的な霊性の意味からはかけ離れており、像を形成したり再生したりする構想力として考えられている。このことはヘーゲル（Georg Wilhelm Friedrich Hegel, 1770 - 1831）が宗教の立場を絶対知に至る前段階としての表象知と規定したのに似ている。金子晴勇『ヨーロッパ人間学の歴史』知泉書館、106頁、と注37を参照）。第三の種類はこれらの二つとも相違して精神によって理解され認識される知恵のように、物体でもないし、物体との類似性をもっていません。またこの知恵の光によってこれらすべては正しく判断されます。これらの内どの種類にわたしたちが知ろうとする三位一体が属していると信じるべきでしょうか。確実なことは三位一体がそれらのいずれかに属しているか、いずれにも属していないかということです。もしもあるものに属しているなら、知恵のように他の二つのものよりも優れたものに関係していることは確実です。だが、もし三位一体の賜物がわたしたちの内にあり、それが神の知恵と呼ばれるあの最高で恒常不変な知恵よりも小さいならば——わたしたちは賜物を授ける者がその賜物よりも劣ると考えてはならないとわたしには思われるが——、でも、わたしたちの知恵と呼ばれる三位一体のあの輝きがわたしたちの内にあるとしたら――わたしたちはこの知恵を鏡を通して見るように朧にしか捉えることができないとしても――、わたしたちはこの知恵をすべての物体とすべての物体に似たものとから区別しなければなりません。

一二　しかし、この三位一体がこれらの種類のいずれかに属していると考えられてはならないとしたら、またそれが精神によっても見られないほど不可視のものであるならば、ましてやわたしたちはそれについて、それが物体的事物やその表象と似ていると信じなければならないといった意見をもつべきではありません。なぜなら、その存在の形態的な美や巨大さによってではなく、その本性における非類似性と相違性によって〔三位一体は物体的な事物に〕優っていますから。また、もし三位一体がわたしたちの精神の善さ、たとえば知恵・正義・聖なる愛・貞潔その他この種のものとの比較によって区別されるならば、わたしたちはそれを確かに身体的な大きさによって評価しないし、それを思考において身体的姿のように構成することもしません。むしろ、わたしたちはそれを正しく理解するときには、何ら身体を纏うことなく、あるいは身体的な似姿なしに、精神の光によって見るのです。ましてやそれは、すべての身体的性質や規範との比較からいっそうかけ離れているのではないでしょうか。しかし使徒が「目に見えない神の性質、また神の永遠の力と神性は、被造物に現れており、造られたものを通して知性によって知られています」（ローマ1・20）と語っている場合、それはわたしたちの知性と相容れがたくはないということの証人です。したがって同じ三位一体が身体と魂とを造ったのであるから、この両者に三位一体は疑いの余地なく優っています。それゆえ魂を、とりわけ人間の理性的で、知性的である魂——それは神の像へ向けて造られています——を、考えるならば、また魂が精神や直観知によって魂の優れた部分である精神自身と知性の力を捉えることができるとしたら、わたしたちが魂をその創造者の理解にまでその援助によって高揚するように練習を積むことは愚かなことではないでしょう。だが、もしそのことに失敗したり、挫折するなら、主から離れて流浪しているかぎり（これは「旅する人」（homo viator）としてのアウグスティヌス的表現である）、敬虔な信仰でもって満足すべきです。使徒が「わたしたちが求めたり、思ったりすることすべてを、遥かに超えてかなえてくださる」（エフェソ3・20）と言うお方の働きによって、その約束を人間に実現してくださるまでは、そうすべきです。

第三章　一三　こういうわけで、この間にわたしはあなたがこの問題に関してわたしたちが書いた多くの著作をお読みくださるようにお願いします。同様に今わたしたちが筆を執っておりましても問題が余りに困難であるため、未だ解明することができないでいるものをもお読みくださるようにお願いします。しかし今は揺るがない信仰によって、父・子・聖霊が三位一体でありながらも一つの神であることを、堅持してください。それはあたかも神性が第四のものとして三位に共通ではないかのようにではなく、神性が言い表しがたく、また、分ちがたく三位一体であるためです。あなたがこれらのことをお考えになるとき、どのような形態的な類似性が心中に現われても、追い払い、はねつけ、拒否し、否認し、投げ捨て、避けてください。というのは神が何であるかを知りうる前に、神が何でないかを知り始めることは、神の認識の開始にとって重要ですから。しかし、あなたは理解することを一生懸命に愛してください。なぜなら聖書は、大いなる実在に対する理解に先立って、わたしたちがそれを信仰するように促しておりますが、あなたが正しく理解していないなら、聖書自身はあなたに役立つことができないからです。実際、聖書の権威を受け入れている異端者たちのすべては、彼らは自分自身の誤謬を追及しているのに、聖書を探求していると考えています。それゆえ彼らは聖書を軽蔑しているからではなく、聖書を理解していないがゆえに、異端者なのです。

一四　しかし最愛の友であるあなたは、主があなたに理解力を与えてくださるように、強力にかつ信仰をもって祈りなさい。こうして指導者や教師の配慮によって外側から加えられたものが豊に稔るように祈りなさい。なぜなら「大切なのは、植える者でも水を注ぐ者でもなく、成長させてくださる神です」（Ⅰコリント三・七）から。この神に対しわたしたちは「天にいますわたしたちの神よ」（マタイ六・九）と言います。それは神が非形態的な現存によって至るところで全体として存在し、そこにいてここにいないからではなく、神が臨在したもう敬虔な人たちの内に住まうと言われておりますから。もしわたしたちの心を高く挙げて、わたしたちの口が真実をもって答えるならば、この〔敬虔な〕人たちも大抵の者は、そこにわたしたちの本国もある天国にあるでしょう（フィリピ3・20参照）。というのは、たといわたしたちが「天はわたしの王座、地はわたしの足台」（イザヤ書66・1）と書かれていることを肉的に解釈しても、天にも地にも主がいますことを信じるべきだからです。主の足は地についていますので、主の全体が天にいなくとも、また彼の身体の上の部分が天にいますので、その全体が地にいなくとも、そうです。実際、だれが彼の手のひらの空間に座ろうとしたり、彼の拳が掴みうるほどの狭い場所に足を置こうとするでしょうか。こういう考えが可能になるのは、肉の愚かさが膨らんでいって、人間の五体を神の実体とみなすにはあまりに小さいので、手のひらが腰回りより広く、拳が手のひら二つを加えたよりも広いほど異常に大きく、五体をねつ造するまでに増殖するときです。しかし、こういうことが言われるのは、〔このように〕肉的に語られることが整合的でない場合には、わたしたちはそれを言い表すことができない霊的なものと考えるように警告されています。

一五　それゆえ、わたしたちが墓から起き上がり天に引き上げられた主のからだについて、ただ外観と五体にもとづいて考えるとしても、それでも主が父なる神の右に座し（マルコ16・19参照）、したがって父なる神が彼の左に座しているように思われると考えてはなりません。人間のすべての理解力を超える至福の状態においては、ただ右手のみが存在し、同じ右手は同じ至福の名称なのです（一般的にいってキリスト教では右手は神の祝福と恩恵を、左手は神の怒りと審判を表現する。キリストが神から見るとその左手にいると表現すると、キリストに対する間違ったことが表象されることになるので、このように言われる）。したがって復活後に主がマグダラのマリアに語った「わたしに触れてはいけない、わたしはまだ父のもとに昇っていないから」（ヨハネ20・17）という言葉は、主は昇天する前に男たちに自らを示されたのではあるが、主が昇天した後で女性によって触れられるのを欲したのだ、とわたしたちが考えるような愚かな仕方で解釈されるべきではない。教会が象徴的に示されているマリアに対して主がそのように語ったとき、主はそのとき父なる神のもとに昇っていたと理解されるように欲しておられたのです。その際、彼女は主が父なる神に等しいと認識しており、そういう信仰によって幸福に与れるように、主に触れていたのです。

もしも肉において彼女が見たことだけを主であると信じていたならば、彼女は主に正しく触れてはいなかったでしょう。こういう仕方で異端者ホティヌス(Photinus, ?-376)は人間である点だけを信じた主に触れていたのです(ホティヌスは四世紀の異端者の一人で、パンノニアのシルミウムの司教であった。彼はキリストを神の子として養子となった並外れた人間であると主張したがゆえに断罪された)。

一六　そして、たとえ主のこれらの言葉からいっそう適切でより良いものがおそらく理解されうるとしても、あたかも父とその神性——それは子と聖霊とともに父と共通である——とが別であるかのように、父なる神が三位一体における一つのペルソナであるかぎり、父の実体が天にあるばかりか、至るところに存在すると考える見解は、疑いの余地なく否認されなければなりません。というのは三位一体自身が身体的な場所にあって、かつ、身体的であるかのようなのに、三つのペルソナからなる一つの神性が至るところに現存し、それだけが非形態的に至るところに全体として存在すると暗に考えられているからです。つまり、彼らの性質がそのようであるなら——父と子と聖霊とにおいて性質と実体とが別であるなど絶対にあってはならない——、それでも、もしそれが彼らの性質でありうるなら、それはそれ自身の実体におけるよりも他のところではいっそう充実していることなどありえないのは確かでしょう。しかし、それが実体であって、彼らとは別のものならば、それは他なる実体であり、やはり完全に誤った信仰です。

一七　しかし、あなたが実体と性質の相違をおそらく少ししか理解できなくても、三位一体の神性――この神性は三位一体自身とは異なっており、それは三つの位格にとって一つの共通するものであるがゆえに、三つの神々ではなく、一つの神と呼ばれると思われる――は実体であるか、それとも実体でないかということをもっと容易に認識するでしょう。もしもそれが実体であるならば、父と子と聖霊とも、もしくはそれらを一緒にした三位一体とも異なっています。それは疑う余地なく他なる実体です。しかし真理はこれを否認し、排斥しています。その神性が実体でないならば、また至るところに全体としてあるがゆえに、神ではあっても、あの三位一体ではないならば、神は実体ではありません。カトリック教徒のだれがこのことを主張するでしょうか。同様に、もしこの神性が実体ではなく、この神性は三における一でないがゆえに、この神性にしたがって三位一体が一つの神ではないなら、父と子と聖霊は一つの実体のものではなく、実体ではない一つの神性のものであると言われなければなりません。しかしながら、あなたはカトリックの信仰にもとづいて、父と子と聖霊は三位一体であるという理由によって――というのは三者が分離しがたく唯一同一なる実体であり、もしくはいっそう良い表現と言われているように、本質であるからですが——、一つの神であることを確証されたのですから、それが真理であることを認めておられます。つまり、わたしたちの幾人かは、とりわけギリシア人たちは、神である三位一体が一つの実体と言うよりも一つの本質であると言っておりました（ここでは三位一体の「神性」〔divinitas〕は「実体」〔substantia〕ではなく「性質」〔quaritas〕であって、「本質」〔essentia〕という名称によって表現されるべきであると主張される。ギリシア・ラテン教父の中には「実体」の代わりに「本質」を用いている人たちもいたことが指摘される）。彼らはこれら二つの名辞〔実体と本質〕の間には何か相違があると考えて、このように理解しています。この点について現在討論する必要はありません。三位一体そのものとは何か他なるもののように考えられているこの神性が実体ではなくて、本質であっても、同じ誤りが生じます。というのは、それがもし三位一体とは他なるものであれば、それは他なる本質でしょうから、カトリック教徒がそのように考えるなど絶対にあってはなりません。したがって残っているのは、本質自体がまさしく三位一体に他ならないという意味で、三位一体が一つの実体である、とわたしたちが信じることだけです。このことを考察するために現世においてわたしたちがどんなに進歩したとしても、わたしたちがそれを見るのは〔ぼんやりと〕鏡をとおして、かつ、謎めいて見るにすぎないでしょう（Ⅰコリント13・12参照）。しかし復活の際に約束されているように、わたしたちが霊の身体をもちはじめるとき、精神によるにせよ、あるいは驚嘆すべき仕方によるにせよ――霊的な身体の恩恵は言葉で表現できないのですから――、それ〔三位一体〕をわたしたちは身体を通しても見るでしょう。とはいえ、わたしたちは自分の能力に応じてそれを見るのです。その際、それは身体ではなく至るところに全体として存在するのですから、場所の変化によってある面で小さく、他の面で大きいということはないのです。

第四章　一八

しかし、あなたはお手紙なかで次のように考える、あるいは考えたと言われます。「生けるものは何ものも実体によると義の内にはない」と。それゆえ、あなたは「今なお神、つまり生ける本性を、義に類似したものとして考えることができません。なぜなら」あなたが言われるように、「義はそれ自身においてではなく、わたしたちにおいて生きているからです。むしろわたしたちは義にしたがって生きていますが、義そのものはそれ自身だけでは決して生きていません」(『書簡』119、5参照)。あなたがご自身に答えるために、わたしたちが生きていると誤って言うのではないものは何でも、生きるようにさせる、生命自体は生きてはいない、と正当に言われうるかどうかを調べてみなさい。というのは、生命によって生かされながら、生命は生きていないということは、あなたにとって馬鹿げていると思うからです。だがもし、それによって生けるものすべてが生きている生命自体がとりわけ生きているなら、聖書が死んでいると呼んでいる魂のことを、どうぞ思い起こしてください。そうすれば、あなたはきっと彼らが不義、不敬虔、不信仰であることを見いだすでしょう。実際、彼らのゆえに不敬虔な者らの身体は生きていても、それについて「死んでいる者たちに、自分たちの死者を葬らせなさい」（マタイ8・22）と言われているのです。また、そこでは悪い魂も何らかの生命がないのではないと理解されています。なぜなら、身体は、そのことのゆえに、魂にとって全く欠けていることができないある種の生命なしには、別の方法で生きることができないからです。ですから魂は適切にも不滅であると言われます。それにもかかわらず魂は、義を喪失した後には、死んでいると呼ばれます。その理由は他でもない彼らの生命の生命としての義が、彼らがある種の生命によって不滅に生きている魂にとってさえ、いっそう真実であり、いっそう偉大であるからです。この魂が〔生命原理として〕身体の中にあるのですから、それ自身では生きることができない、身体自体も生きているのです。このゆえに諸々の魂のお陰で身体さえも生き、身体が彼らによって見棄てられると死ぬのですから、魂はともかくも自分自身において生きざるを得ないとすれば、ましてや真の義はそれ自身においても生きていると理解すべきです。というのは義のお陰で諸々の魂も生きているからです。そのため、この義を喪失すると、たとえどんなに僅かであっても生命が生きるのを終っていなくとも、魂は死者と呼ばれるのです。

一九　さらに、それ自身において生きる義は疑いの余地なく神であり、それは恒常不変に生きています。しかし、わたしたちが何らかの仕方でそれに与る者となるとき、この義がそれ自身において生命であるのに、わたしたちにとっても生命となられたように、義はそれ自身において存在しているのに、わたしたちがその義に寄りすがって正しく生きるときに、それはわたしたちにおいても義となるのです。そしてわたしたちがそれに多く寄りすがるか、それとも少ししか寄りすがらないかに応じて、わたしたちは多く義であるか、それとも少しだけ義であるかになります。それゆえ神の独り子について彼は父なる神の知恵にして義であり、絶えずそれ自身において存在していたが、彼は「わたしたちのために神の知恵となり、義と聖と贖いになられた、それは〈誇る者は主を誇るように〉と書いてあるとおりです」（Ⅰコリント1・30―31）と聖書にしるされています。あなたが「よもや人間と同一の義ではなくて、ただ神である義だけが義と呼ばれているのでないなら」と書き加え語っているときには、あなたはもちろんこのことを理解していたのです。あの最高の神は、明らかに真実な義です。もしくはあの真実な神は最高の義です。この義を求めて飢え渇くことは（マタイ5・6）、確かにこの旅の途上におけるわたしたちの義ですが、後にわたしたちがそれに満喫させられる義は、永遠におけるわたしたちの完全な義なのです。ですから、わたしたちの義と同じように神のことを考えないようにしましょう。そうではなく、わたしたちは、神に似るようになるに応じて、分有によっていっそう義となることができるのです（「分有」［participatio］とはプラトン主義的な存在論的な用語であって、存在を分ち持つことを意味する。これが人格的に応用されて他者の存在に関与することに用いられた）。

二〇　したがって照明する光は、照明される光よりも比較できないほど優れていますから、わたしたちは神がわたしたちの義と似ているなどと考えるのを避けねばなりません。もしそうなら神がわたしたちの義よりも何か劣っており、多少退化していると信じることは、どんなことがあっても避けるべきです。だが、わたしたちの内に義、もしくは人が正しくかつ知恵をもって生きる何らかの徳があるとき、その義は内的人間の美しさ以外の何でしょうか。そして確かにわたしたちは身体にしたがってではなく、この美にしたがって神の像に造られたのです。それゆえ次のように語られています。「あなたがたはこの世と同形になってはなりません。むしろ心を新たにして改造され、何が神の御心であるか、何が善にして、喜ばれ、完全なことであるかを吟味すべきです」（ローマ12・2）と。それゆえ、もしもわたしたちが、もろもろの組織が分割されて考えられるように、固まりにおいてではなく、空間的に分割された部分においてでもなく、義のような叡智的な徳において、精神が美しくあるように主張し、知り、欲するなら、また、もしわたしたちがこの美にもとづいて神の像に向けて改造されるならば、確かにわたしたちを神の像に向けて創造し、かつ改造する神ご自身の美は、何か身体的な固まりとして仰ぎ見られるべきではありません。そして神が比類なく義《ただ》しくあるほど、ますます彼は義人の精神よりも比類なく美しいと信じられなければなりません。通常の書簡の長さに較べるとあなたが予想されたよりもおそらく長すぎていますが、こんなにも大きな問題を扱っているかぎり、親愛なる貴下に、簡略にですがご一考を、煩わしたことで充分です。それはあなたの教育にとって充分という意味ではなく、あなたが他の著作を読んだり聞いたりして熱心に教育を受けてから、あなた自身がその言説の誤りを広範囲にわたって正してくださるためです。それが謙虚と信仰をもってなされるに程度に応じて、いっそう良くなることは確かなことです。

あとがき

だれでもアウグスティヌスの代表作を研究しようと試みるとき、その作品の目次を見ただけで、何らかの手引きがないと、途方に暮れてしまうであろう。わたしが『神の国』の歴史哲学を学び始めたとき、それについて説明した多くの概説書には、その思想を紹介していても、実際には詳しく説明した専門書ではなく、それだけでは何をどう研究したらよいのか分からないので、絶望してしまった。

ところが幸いこの書の注解書を書いた、宗教哲学者として当時有名であったハインリッヒ・ショルツ（Heinrich Scholz, 1884 - 1956）の『世界史における信仰と不信仰 ―― アウグスティヌス「神の国」へのコメンタリー』１９１１年を読んで、問題点を把握することができた。この書は当時上智大学の図書館にしかなかった。そこで恩師の高橋亘《わたる》先生（1909 - 2005）を通して借りることにした。ところが「又貸し」が禁じられていたので、先生のご自宅に１週間ほど泊まらせてもらって、その内容をわたしは詳しく学ぶことができた。

わたしはその後、京都大学の大学院に進学し、西谷啓治先生の指導に従ってアウグスティヌスの『三位一体論』で修士論文を書くようになった。この著作には当時ガングガウフ(Theodor Gangauf 1809－1875)の研究書しか大学の図書館にはなく、それを読んでみたが、この書はアナロギヤによるこの著作を含めた全著作にわたって構成された概説書であった。その間に、当時カトリック神学の大家、シュマウス(Michael Schmaus, 1897－1993)の講演が京都大学で開催され、彼が『三位一体論』のドイツ語の訳者であるばかりか、優れた研究家であることを知り、彼の研究『聖アウグスティヌスの心霊学的三位一体の教義』から多くを学ぶことができた。

わたしは初めこの三位一体論のコメンタリーを書くことから研究を開始した。しかし第1巻からその内容の解説を試みたが、当時は翻訳もなく、ラテン語の原典から読み始めたものの、そう容易に解説できる種類の思想内容ではなく、学ぶのにとても時間がかかるばかりであった。そこでこの作品の後半に展開する優れた思想内容をまず要約しながら読み進めることにした。したがってわたしはこの作品のもっとも魅力のある後半の部分だけをまとめて、「理性と信仰」という、そこで展開する宗教哲学的な後半だけを問題にして修士論文を作製した(その成果は本書第6章に収録した)。

その後ドイツに留学した頃にシントラー（A. Schindler）の『アウグスティヌスの三位一体論における言葉とアナロジー』という大作が１９６３年に出版されたので、かなり詳しく全体を読んでみた。だが、ギリシア教父とラテン教父の多くの思想を詳細に叙述する彼の方法は、とてもまねることはできないと感じた。そこでその後はこの研究を続けることを中止し、当時わたしはルターの研究をも開始していたので、この研究からしばらく遠ざかることになった。そんなわけで三位一体論のコメンタリーを書く計画は中断されてしまった。しかしわたしはこの研究を本当にあきらめたのではなく、続いて『アウグスティヌスの人間学』（創文社、１９８２年）を完成させ、さらにアウグスティヌス著作集の翻訳に全力を傾注しなければならなくなった。

現役の仕事を退いてからこの作品の前半（第1巻から第7巻）に展開する三位一体の教義の部分が未だ十分には研究されていないことに気づき、わたしは最晩年になってから、残された研究を完成させようと試みることにした。そこで準備もできたので「アウグスティヌスの読書会」を立ち上げ、アウグスティヌスに関心をもつ数名の若い牧師さんたちに参加してもらって、約1年間にわたってこの残された教義の部分をまとめることができ、こうしてこの研究が一応完成をみた。

この残されていた部分の研究は本書の第2章の研究であり、これを本書に収めることができた。しかし、最近はどのように三位一体論が研究されているかを学ぶことができなかったので、出版することに躊躇を覚えたが、最初に計画された研究が一応完成したので、あえて出版に踏み切ることにした。

終わりに本書の初出を述べておきます。

第1章　古代キリスト教会における教義の問題　金子晴勇『キリスト教思想史入門』日本基督教団出版局、1983年、第2章を全面的に改作、加筆する。

第2章　『三位一体論』の第1部（第1―7巻）の構成　書き下ろし。

第3章　『三位一体論』の第2部（第8―15巻）の構成　金子晴勇『アウグスティヌスとその時代』知泉書館、2004年、第6章、152―157頁を全面的に補足修正する。

第4章　受肉の神学　書き下ろし。

第5章　「神の像」の理解　金子晴勇、前掲書、第5節、158―161頁を加筆修正する。

第6章　『三位一体論』における信仰と理性　金子晴勇「アウグスティヌスにおける理性と信仰の問題」『哲学研究』472号、京都大学哲学会、1960年を全面的に書き換える。

第7章　知性的認識と照明説　書き下ろし。

第8章　神への超越機能と三位一体神秘主義　書き下ろし。

第9章　アウグスティヌスの現代的意義　金子晴勇編『アウグスティヌスを学ぶ人のために』世界思想社、1993年の第3章3節「アウグスティヌスと近・現代思想」の改作。
付属資料1　アウグスティヌスの書簡一七四――この「アウレリウスへの手紙」は三位一体論がどのように出版に至ったかの経緯を述べたもので、金子晴勇訳『アウグスティヌス　書簡集2』教文館、「著作集、別巻Ⅱ」に所収したものである。
付属資料2　アウグスティヌスの書簡一二〇――「コンセンティウスへの手紙、三位一体について」は金子晴勇訳、前掲書「著作集、別巻Ⅰ」365―379頁に所収したもので、どのように三位一体論が読まれるべきかを説かれたものである。
なお第2章だけは泉治典訳「三位一体論」『アウグスティヌス著作集28』（教文館）を参照したが、それ以外は全部私訳である。

本書をもってわたしの『キリスト教思想史の諸時代』（全7巻、別巻2冊）が完成することになる。その間5年間にわたって出版社ヨベルの社主、安田正人氏には大変お世話になった。このことを最後に記して心から感謝したい。

2024年2月

金子晴勇

金子晴勇（かねこ・はるお）
1932年静岡生まれ。1962年京都大学大学院博士課程中退。67年立教大学助教授、75年『ルターの人間学』で京大文学博士、76年同書で日本学士院賞受賞。82年岡山大学教授、1990年静岡大学教授、1995年聖学院大学客員教授。2010年退官。
主な著書：『ルターの人間学』（1975）、『アウグスティヌスの人間学』（1982）、『宗教改革の精神』（2001）、『ヨーロッパ人間学の歴史』（2008）、『エラスムスの人間学』（2011）、『アウグスティヌスの知恵』（2012）、『キリスト教人間学』（2020）、**『わたしたちの信仰——その育成をめざして』**（2020）、**『キリスト教思想史の諸時代 I 〜 VII、別巻 1』**（2020 〜 2023）、『ヨーロッパ思想史——理性と信仰のダイナミズム』（2021）**『東西の霊性思想——キリスト教と日本仏教との対話』**（2021）、『現代の哲学的人間学』（2022）、『「自由」の思想史』（2022）、**『「良心」の天路歴程』**（2023）ほか多数。**太字**は小社刊。
主な訳書：『アウグスティヌス著作集 第9巻』（1979）、ルター『生と死の講話』（2007）、ルター『神学討論集』（2010）、エラスムス『格言選集』（2015）、C. N. コックレン『キリスト教と古典文化』（2018）、エラスムス『対話集』（2019）、グレトゥイゼン『哲学的人間学』（共訳 2021）ほか多数。

ヨベル新書 093
キリスト教思想史の諸時代　別巻 2
アウグスティヌス『三位一体論』を読む

2024年3月1日 初版発行

著　者 —— 金子晴勇
発行者 —— 安田正人
発行所 —— 株式会社ヨベル　YOBEL, Inc.
〒113-0033 東京都文京区本郷 4-1-1-5F
TEL03-3818-4851　FAX03-3818-4858
e-mail：info@yobel. co. jp

印刷 —— 中央精版印刷株式会社
装幀 —— ロゴスデザイン：長尾 優
配給元—日本キリスト教書販売株式会社（日キ販）
〒162 - 0814　東京都新宿区新小川町 9 -1
振替 00130-3-60976　Tel 03-3260-5670
　ISBN978-4-909871-49-7 C0216

【書評再録・本のひろば　2024年1月号】

アウグスティヌスの霊性思想の発展の軌跡

金子晴勇　キリスト教思想史の諸時代 別巻1
――アウグスティヌスの霊性思想

新書判・256頁
1,320円（税込）

評者：**出村みや子氏**

二〇二三年の六月に『アウグスティヌス著作集』（教文館）が完結したが、本書は当初より翻訳を手掛けられた金子晴勇先生が、アウグスティヌスの神学思想の発展の軌跡をその「霊性」に焦点を当てて歴史的に辿った研究の成果を一般読者にも分かりやすく説明した新書シリーズの別巻である。

「霊性」というと彼の神学思想の限られた局面に焦点を当てた研究のように聞こえるかもしれない。しかし「霊」という観念が「聖書のなかで独自な人間学的な次元を創り出し」「本来的で本質的な人間存在を言い表す目印」（本書3頁）であり、自らの欲望や罪を深く見つめ続けたアウグスティヌスにとって、「回心はこのような深い内面の「霊性」を舞台にして起こった」（本書54頁）出来事である限り、「霊性」は彼の生涯にわたる人間学的探求の発展の軌跡を辿るための重要なキーワードである。

本書は序論において聖書の「霊」の概念の理解から始まり、続いてアウグスティヌスに先立って初期キリスト教の「霊性思想」を成立・発展させた二人のギリシア教父、オリゲネスとニュッサのグレゴリオスの思想史的系譜について論じている。続く本論は一〇章から成り、初期の哲学的著作から後期の主要な著作までを霊性に焦点を当てて網羅的に扱っている上に、近年アウグスティヌス研究の分野で注目されている『説教集』と『書簡集』をも霊性思想の観点から論じている。こうした本書の構成によって読者は、アウグスティヌスの思想的発展を辿りながら、その思索に見られる霊性の深まりに触れることが出来るのである。

本書において筆者が注目するのは、従来アウグスティヌスは人間の自由意志を過小評価したとして批判されてきたが、本書の172頁では『神の国』において原罪と自由、神の恩恵のダイナミックな理解が見られることが指摘されている。「むしろ、意志は罪を犯す喜びから解放されて、罪を犯さないことの喜びへと強く向かう時のほうが、いっそう自由である。というのも、人間が最初に正しく造られた時に与えられた時に与えられていた最初の意志の自由は、罪を犯さないことのできる能力であったが、しかしそれは罪を犯すこともできたのである。だが最後に与えられるそれは、罪を犯すことができないという点で、遥かに力あるものである。これもまた神の賜物によるのであって、人間本性の可能性によるのではない」(XXII,30)と述べたアウグスティヌスは「ペラギウスの人間の本性に立脚した自然主義的道徳哲学」(39頁)と対決し、恩恵論においてこそ人間の意志の完全に自由な働きを見たのである。

次に注目するのは、アウグスティヌスに先立つギリシア教父の神学的伝統との関係に光を当てている点である。この点はオリゲネス研究の最近の動向とも呼応し、彼がギリシア教父の伝統から何を継承し、その後の中世カトリック神学の形成にいかなる寄与をしたかが、本書の「序論」および「付論」の「アウグスティヌスと古代キリスト教の自然観」に示されている。本書は日本におけるアウグスティヌス研究に新たな方向を示すものとなろう。

(でむら・みやこ＝東北学院大学文学部教授)

ヨベルの既刊書（税込）　お求めは https://yobel.co.jp まで

南山大学／大学院非常勤講師

大庭貴宣　エイレナイオスの聖霊神学　**2世紀に解き明かされた三位一体と神化**

人は、神との類似性を回復し、神化を辿ってまったき存在となる！父なる神、御子、聖霊、それぞれの位相と相互の働きについて考察し、三位一体の神が人とどのように関わってくるのか――を論ずる。異端反駁《はんばく》の苛烈な論戦を張りつつ涵養《かんよう》されていったエイレナイオスの聖霊神学、その全貌を解明する！　A5判変型・288頁・2530円　ISBN978-4-909871-65-7

桃山学院大学名誉教授

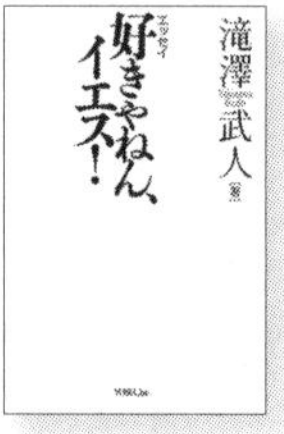

滝澤武人　エッセイ好きやねん、イエス！

イエスって、……・実は、笑いと毒舌の天才！・実は、めったなことで祈らない！・飲めや歌えの席で主役に！教会やキリスト教からどうしてもはみ出してしまう……そんなアナタとワタシの隠れ信心を激しく肯定してくれるイエス研究者、タキザワブジンの、笑いに満ちかつ大真面目なイエス探求の書。四六判・288頁・1980円　ISBN978-4-909871-76-3

日本基督教団小高伝道所牧師

飯島 信編著　いのちの言葉を交わすとき　「青年の夕べ」感話集

友を信じるから、ありのままの私を、嘘のない思いを、そっと差し出せる。説教でもなく、証しでもなく、講演、研究発表、報告会でもない。聴きたかったのはありのままの声、あるがままの生。東京西部にある教会に集った青年たちが、その「生」の現場から信仰者としての自身の〈リアル〉を語り、友らによって丁寧に傾聴された、貴重な記録。

在庫僅少　四六判・204頁・1540円　ISBN978-4-909871-62-6